아침 5시의 기적

아침 5시의 기적

인생을
바꾸는
아침 기상의
힘

제프 샌더스 지음
박은지 옮김

비즈니스북스

아침 5시의 기적

1판 1쇄 발행 2017년 2월 10일
1판 23쇄 발행 2023년 4월 26일

지은이 | 제프 샌더스
옮긴이 | 박은지
발행인 | 홍영태
발행처 | (주)비즈니스북스
등 록 | 제2000-000225호(2000년 2월 28일)
주 소 | 03991 서울시 마포구 월드컵북로6길 3 이노베이스빌딩 7층
전 화 | (02)338-9449
팩 스 | (02)338-6543
대표메일 | bb@businessbooks.co.kr
홈페이지 | http://www.businessbooks.co.kr
블로그 | http://blog.naver.com/biz_books
페이스북 | thebizbooks
ISBN 979-11-86805-53-4 03190

비즈니스북스는 독자 여러분의 소중한 아이디어와 원고 투고를 기다리고 있습니다.
원고가 있으신 분은 ms1@businessbooks.co.kr로 간단한 개요와 취지, 연락처 등을 보내 주세요.

지금까지 경험하지 못한
최고의 한 해를 위하여

처음 팟캐스트 'The 5 AM miracle'을 시작하면서 이렇게까지 큰 호응이 있을 거라고는 예상하지 못했다. 이불 속에서 꼼지락거리거나 알람시계를 몇 번이나 끄면서 기상 시간을 늦추던 사람들이 내 방송을 통해 생산적인 아침을 맞게 되었다는 소식을 접하게 되었을 때의 보람은 이루 말할 수 없다.

이제야 고백하건대 나 또한 새벽에 일어나기 싫어하던 한 사람이었다. 아침 일찍 일어나 운동을 끝내고 가뿐한 발걸음으로 집을 나서고 싶었으나 현실은 늦잠을 자서 정신없이 출근 준비를 하는 모습이었다. 하지만 지금의 나는 따뜻한 커피 한 잔을 음미하거나 멋진 곳을 여행하는 것만큼 이른 아침 시간을 사랑한다. 그리고 그 이른 아침 시간이 우리의 삶을 긍정적으로 이끌어준다는 것을 몸소 체험하고 있다.

몇 년 전만 해도 내가 아침형 인간의 전도사로서 살게 될 것이라고는 상상하지 못했다. 어떻게 그런 일이 가능하게 되었을까? 이 책은 아침형 인간으로 살아온 지난 몇 년간의 과정과 그에 따른 성과를 오롯이 담고 있다. 한마디로 이 책은 나 혼자만이 아니라 팟캐스트를 통해 수많은 사람들이 이미 경험한 아침 기상의 놀라운 기적에 대한 생생한 이야기이다.

혹시 '나는 아침잠이 많아 절대 불가능해'라고 생각하는가? 나도 처음에는 당신과 같은 생각을 했다. 재차 강조하지만 많은 사람들이 당신처럼 생각했지만 지금은 이른 아침 기상을 통해 변화된 삶을 즐기고 있다.

당신도 아침형 인간이 될 수 있다. 우선 인생에서 가장 중요한 목표를 설정하자. 그러고 나서 그 목표를 행동으로 실천할 수 있는 단위로 나누는 일부터 시작해 보자. 또한 하루가 모여 일주일이 되고 한 달이 쌓여 분기가 되고 또 해를 거듭해 꾸준히 발전할 수 있도록 가장 효과적인 도구, 원칙, 전략을 활용하자.

평범한 사람과 성공한 사람을 구분하는 한 가지는 바로 마음에 품은 가치 있는 목표를 향해 돌진하는 추진력이다. 가장 가치 있게 여기는 일에 항상 집중하고 매일 실천하는 행동을 장기적인 인생 목표에 반드시 맞추자.

불필요하게 바쁘거나 단순히 몸만 움직인다고 해서 목표에 다가가는 것은 아니다. 목표를 인지하고 항상 그에 맞게 행동해야만 우리는 조금 더 목표에 가까워질 수 있다. 그리고 그렇게 목표를 향해 꾸준히 나아가는 추진력은 언제나 좋은 결과를 가져온다.

이 책은 당신에게 가장 중요한 인생의 목표에 맞춰 매일 실천하는 행동을 설계할 수 있도록 도와준다. 누구보다 부지런하고 하루를 빨리 시작하는 한국 독자들에게 이 책을 전할 수 있어 진심으로 기쁘다. 부디 이 책이 당신에게 지금까지 경험하지 못한 최고의 한 해를 선사할 수 있기를 바란다.

2017년 1월
제프 샌더스

일단 일어나라!
두 배로 근사한 삶을 원한다면

몇 년 전 나는 마라톤에 푹 빠져 있었다. 하지만 취업 컨설턴트로 일하며 생산성 코치와 팟캐스트 진행자 활동을 병행하던 중이라 마라톤 연습을 매일 하기란 힘들었다. 갈수록 일정관리는 느슨해졌고 결국 나는 토요일 아침에만 겨우 한 번 장거리 연습을 할 수 있었다.

어떤 마라톤 코치는 마라톤에서 가장 중요한 것은 장시간 달리기 훈련이라고 말한다. 정말 그럴까? 나는 최고의 습관은 꾸준한 노력이고 그것이 어쩌다 하는 행동보다 훨씬 더 중요하다고 본다. 즉, 충동적으로 마라토너를 꿈꾸며 오랜 시간 고통스럽게 한 번 연습하는 것보다 하루에 몇 킬로미터라도 꾸준히 달려 일주일에 대엿새를 연습하는 게 더 낫다는 의미다.

어쨌든 새로운 계획을 세워야만 했다. 평일에 시간을 정해놓고 거의 매일 달리기 연습을 하려면 업무시간 이외의 시간을 유연하게 쓸 필요가 있었다. 잘하면 점심시간에 30분 정도 짬을 낼 수 있었지만 그 방법은 누구보다 먹는 걸 좋아하는 내게 애초부터 불가능한 일이었다. 점심을 거르는 일은 아예 생각할 수도 없었다.

그렇다고 직장 생활을 하는 내가 평일 낮에 운동을 하려고 일정을 조정한다는 것은 언감생심이었다. 무엇보다 가까운 거리에 피트니스 센터나 샤워 시설이 부족했고 운동복을 따로 챙기는 것도 번거로운 일이었다. 그저 핑계에 불과하다고 하면 할 말이 없지만 그래도 그것은 해결해야 할 골칫거리였다.

어쩔 수 없이 퇴근 후에 연습하기로 했는데 공교롭게도 운동을 방해하는 일이 자주 생겼다. 물론 나는 계획에 차질이 생겨도 최대한 예정대로 밀어붙이기 위해 퇴근 후 집 근처 공원이나 피트니스 센터에 들르도록 일정을 짰다.

얼마 지나지 않아 저녁 일정을 촘촘하게 짜는 건 중요치 않다는 사실을 깨달았다. 현실을 말하자면 직장에서 피곤한 하루를 보낸 뒤 꾸준히 운동하는 것은 초보자가 마라톤을 완주하는 것만큼이나 어려운 일이었다.

더는 선택의 여지가 없는 상황에서 나는 가장 두려워하던 선택지를 만지작거렸다. 운동을 하려면 출근하기 전에 일찍 일어나는 수밖에 없었다! 이 말이 끔찍하게 들릴지도 모르지만 충분히 당신의 마음을 이해한다.

당시 나는 아침형 인간이 아니었고 오히려 아침에 5분이라도 더 자려고 기를 쓰는 사람이었다. 최소한 알람 버튼을 두 번은 눌러야 겨우 일어날 수 있었고 커피 한 잔을 마시기 전까지 오만상을 찌푸리고 다녔다. 그런데 이른 아침에 마라톤 연습이라니, 두 배로 골치 아픈 일이 아닌가. 누가 아침에 일찍 일어나는 것도 모자라 운동까지 하려고 하겠는가?

그렇지만 나는 야심찬 목표를 이루기 위해 일찍 일어나기로 한 결정이 최근 몇 년, 아니 내 평생 가장 잘한 일이라는 것을 얼마 지나지 않아 깨달았다.

목차

제1부
아침 5시의 놀라운 힘

제1장 아침 5시, 기적이 찾아온다

제2장 인생의 목표를 찾아서

제3장　열정적으로 이불을 박차고 일어나기

· 제2부 ·

· 제4부 아래 ·

제4장　기초 세우기

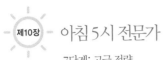

제10장 아침 5시 전문가

제3부

아침 5시 실행 프로그램

제11장 아침 5시 실행 계획

제12장 과감하게 행동으로 옮길 시간

THE **5 AM** MIRACLE

아침 5시의 놀라운 힘

THE 5 AM MIRACLE

아침 5시, 기적이 찾아온다

아침식사 전에 하루를 지배하는 방법

Mir·a·cle: 기적. 자연이나 과학 법칙으로 설명할 수 없어 신성하게 생각하는 놀랍고 즐거운 사건. 거의 일어날 것 같지 않은 불가사의한 일이나 현상 또는 성과.

나는 당신이 하루를 활기차게 시작하는 습관을 들여 삶에 변화를 주고 인생 목표를 기적적으로 이루길 바라는 마음으로 이 책을 기획했다. 아울러 책에서 '건강한 습관', '이상적인 자기계발', '차원이 다른 생산성 향상' 등으로 주제를 상세히 나눠 아침의 힘을 보여주고자 했다.

사실 내가 바쁜 스케줄 속에서도 'The 5 AM miracle'이라는 팟캐스트를 진행하는 이유는, 나 자신도 새벽에 일어나는 습관 덕분에 인생에 혁신적인 변화를 경험했으며 이제 그 습관은 내 인생에서 아주 중요한 부분을 차지하고 있기 때문이다. 그리고 이러한 긍정적인 변화를 더 많은 사람과 나누고 싶다.

지난 몇 년간 나는 아침 5시의 기적을 널리 알리려 애썼다. 물론 새벽에 일어나는 것은 절대 쉽지 않지만 여러 노력 끝에 습관이 되면 굉장히 다양하고 눈부신 경험을 하게 된다. 일단 이 책의 명확한 이해를 돕기 위해 아침 5시의 기적을 정의하자면 이렇다.

'인생 목표를 향해 나아가는 과정에서 눈에 띄는 성과를 거두기 위해 계획적으로 이불을 박차고 일어나 아침식사 전에 하루의 주도권을 잡는 기적 같은 행동이다.'

나는 하루 중 아침 5시가 최고의 시간대라는 사실을 몸소 경험했다. 이에 따라 이 책 곳곳에서 아침 5시 기상이 가장 이상적이라고 적극 주장하고 있다. '아침 5시'라는 설정은 그저 편의상 정한 규칙일 뿐이지만 이것은 마법처럼 강렬하고 놀라운 일이 일어나는 순간을 상징한다.

첫째, 아침 5시는 차분하고 조용하며 평화로운 아침 시간이다. 아침 5시의 세상은 아무런 방해도 받지 않고 새의 지저귐과 함께 천천히 흘러간다. 그 순간은 하루 중 유일하게 자신에게 충실할 수 있는 시간이다.

둘째, 아침 5시는 자신이 삶의 주도권을 쥐고 있다는 것을 상징한다. 일단 자신이 원하는 대로 살아갈 수 있음을 깨달으면 놀라울 정도로 자신감이 넘치고 무한한 기회가 있다는 것을 인식할 수 있다. 나아가 시간을 현명하게 활용하게 된 사람들은 대부분 그때까지 경험한 적 없는 크나큰 성취감과 만족감을 맛본다.

셋째, 아침 5시는 무엇과도 바꿀 수 없는 자산이다. 육체적·정신적으로 최상의 컨디션을 유지하고 뚜렷한 목적의식에 따라 생활하며 원대한 목표를 추구한다면 아침 5시의 기적이 베푸는 무한한 혜택을 누릴 수 있다. 이를 위해 시간을 잘 지키고 일의 우선순위를 매기는 것이 좋다. 확실한 목표를 정하고 꿈을 추구하면 마침내 인생에 변화가 일어난다.

아침 5시의 기적이 주는 놀라운 혜택

만약 당신이 아침 5시의 기적을 경험했다면 그건 절대 우연이 아니다. 날마다 뚜렷한 목표를 정해 종이에 기록하고 그 계획대로 실천해서 이룬 기적이리라. 다시 말해 성공한 사람들이 누리는 혜택은 어쩌면 당연한 일이고 그들은 예상한 대로 성공적인 결과를 얻은 것뿐이다.

당신의 성공을 보장할 순 없지만 나를 포함해 아침에 일찍 일어나는 수많은 사람이 놀라운 혜택을 맛보고 있다. 당신 역시 이 책에서 제시하는 대로 계획을 세워 실행하면 인생이 달라지는 놀라운 경험을 할 것이다.

소중한 아침 시간을 어떻게 활용하느냐에 따라 당신은 다음의 혜택을 누릴 수 있다.

① 놀라울 정도로 기운이 넘친다.

② 규칙적인 수면 습관이 생긴다.

③ 몸무게가 줄어들고 건강해진다.

④ 매일 생산성이 꾸준히 증가한다.

⑤ 일정을 지연하는 방해요인을 떨쳐낼 힘을 키운다.

⑥ 날마다 더 활기차고 긍정적인 사고를 갖춘다.

⑦ 체력, 의지력, 참을성이 향상된다.

⑧ 중요한 목표 달성에서 경이로운 진척이 이뤄진다.

⑨ 정신이 맑아져 창의력이 높아진다.

⑩ 건강과 생산적인 습관을 유지하는 능력을 기른다.

당신만의 기적을 찾아서

한 가지만 짚고 넘어가자. 비록 나는 아침 5시가 가장 이상적이라고 주장하지만 그렇다고 꼭 새벽에 집착할 필요는 없다. 해 뜨는 시간과 반드시 연관 지어야 하는 것은 아니다. 기적은 각자의 선택에 따라 일어나는 것이며 누군가는 그 기적을 정오에 즐길지도 모른다. 아침 5시는 상징성을 갖는 시간일 뿐이며 당신에게 맞는 방식으로 실천하면 된다.

뚜렷한 목적이 있는 삶을 살면 눈앞에 무한한 기회가 열린다. 다시 말해 당신이 선택하는 시간에 매일 기적이 일어날 수 있다. 한번은 결혼식에 초대를 받아 뉴올리언스에 간 적이 있다. 그때 친구들이 내가 묵는 호텔 방에 들어와 시계를 아침 9시 46분으로 돌려놓고 잠자는 내 모습을 촬영했다. 그건 내가 매일 아침 5시에 일어나지 않는다는 증거를 남기기 위한 것이었다.

친구들은 몹시 즐거워했지만 나는 아무렇지 않았다. 실제 나는 매일 아침 로봇처럼 규칙적으로 일어나지 않는다. 전날 늦게 자면 늦잠을 자고, 잠이 부족하다고 느껴지는 날은 더 자기도 한다. 마찬가지로 당신이 아침 5시에 일어날 수 없다면 그건 당신에게 이상적인 기상시간이 아니다. 5시는 그저 상징적인 의미일 뿐이다. 중요한 것은 필요한 만큼 충분히 자고, 깨어 있을 때는 시간을 최대한 활용해야 한다는 사실이다.

아침식사 전에 하루를 지배할 수 있는가

오래전 나는 성공적인 커리어를 쌓아가는 한 자기계발 코치와 인상 깊은 대화를 나눴다. 내 블로그를 자주 방문하고 내가 진행하는 팟캐스트도 즐겨 듣는 그는 내가 입버릇처럼 말하는 문구가 신경이 쓰인다고 했다.

"'아침식사 전에 하루를 지배하라'는 말이 사람에 따라 위협적으로 들립니다. 도움을 받기 위해 찾아온 일부 방문객들이 이를 듣고 깜짝 놀라 도망갈 것 같습니다."

한술 더 떠 '하루를 시작하기 전에 화끈한 열정으로 끝장내자'처럼 더욱 자극적인 말을 염두에 두고 있던 나는 그의 솔직한 의견을 듣고 조금 당황스러웠다. 아마도 그에게는 '지배'라는 말이 위협적으로 들린 듯했다. 나는 그와 생각이 다르다. 하루를 지배하는 내 모습을 상상할 때면 흥분된다. 어떤 업무를 끝낸 뒤 거뜬하게 다른 업무로 전환해 훌륭히 이를 완수하는 모습을 떠올린다.

제2부에서 자세히 다루고 있는 '아침 5시 설계도'에 따라 생산적이고 순조롭게 보낸 아침 일과가 그날의 업무로 자연스레 이어지면 나는 세상을 다 얻은 듯한 기쁨을 느낀다. 사실 나는 이 책을 대부

분 아침 시간에 썼다. 아침 5시에 일어나 중요한 일과를 처리한 뒤 카페나 도서관 혹은 서재에서 6시까지 집필했다.

새벽을 활용하면 하루를 보다 여유 있게 보낼 수 있다. 쉽게 말해 새벽에 중요한 일을 현명하게 처리할 경우 시간은 물론 정신적 여유까지 누리므로 남은 일과에서 스트레스가 줄어든다. 이처럼 '아침식사 전에 하루를 지배하라'는 말은 미리 희생하고 나중에 보상받자는 메시지가 핵심이다.

사실 행동규칙을 세우는 것은 그다지 어렵지 않다. 그보다 중요한 것은 확고한 계획, 남보다 먼저 일어나야 하는 이유, 무엇과도 바꿀 수 없는 목표를 갖는 것이다. 이렇듯 몇 가지 중요한 내용을 마음에 새기면 세상에서 가장 강력한 무기가 되어줄 당신만의 아침 일과를 짤 수 있다.

아침 몇 시간을 생산적으로 활용할 경우 당신이 실현하고 싶어 하는 목표는 더는 환상 속의 버킷 리스트로 남지 않는다. 대신 당신의 꿈은 분기별 목표(90쪽 참조)로 바뀌게 되고, 인생을 변화시킬 목표들을 향해 매일 놀라운 발전을 만드는 일이 제2의 천성이 된다. 나는 당신이 이것을 충분히 할 수 있다고 믿는다.

기초를 다지는 네 가지 약속

다음의 네 가지 약속은 아침 5시의 기적을 이루기 위한 기초를 단단히 다져준다. 이 책을 읽으며 당신 스스로 네 가지 약속을 하라.

하나, 매일 일과를 계획해 글로 기록한다.
둘, 최대한 활기차고 열정적으로 살기 위해 건강한 습관을 규칙적으로 실행에 옮긴다.
셋, 가장 원하는 꿈을 이루기 위한 단기 목표를 설정한다.
넷, 진행 단계를 파악하되 필요하면 수정하고 스스로 행동에 대한 책임을 진다.

약속이 많아 보일 수 있으나 네 번째 약속은 이전의 세 가지 약속을 종합한 것이다. 앞으로 전개할 내용에서 이 네 가지 약속이 습관으로 바뀌는 과정을 상세히 소개할 테니 우선은 가벼운 마음으로 시작하기를 바란다.

장기적인 관점에서 성공은 규칙적으로 돌아가는 일상생활을 바탕으로 이루어진다. 따라서 오늘을 최적화하기 위해 네 가지 약속을 한다면 이는 의심할 여지없이 내일의 성공으로 나타날 것이다.

이 책을 효과적으로 사용하는 방법

나는 열렬한 독서광이다. 책에 형광펜으로 밑줄 긋는 것을 아주 좋아한다. 당신도 이 책을 한 자 한 자 곱씹으며 읽었으면 좋겠다. 자주 사용하는 형광펜이나 펜 혹은 디지털 필기도구를 들고 시작해보자!

책을 읽으면서 야심찬 행동 목록을 작성하거나 수정하면 도중에 떠오른 멋진 생각을 놓치지 않고 반영할 수 있다. 책의 여백을 사용해도 좋고, 별도의 노트에 작성해도 좋다. 또한 이 책의 부록으로 '당신의 아침을 바꿔줄 액션 플랜'을 준비했으니 활용해보라.

혁신과 기대에 관한 짧은 메모

이 책은 실생활에 적용 가능한 전략을 다루고 있다. 이미 많은 실행과 시행착오를 거쳐 수정사항을 반영함으로써 최적화된 내용을 담았다. 한마디로 이 책은 당신이 혼란스러운 인생을 통제할 수 있도록 돕기 위해 간단하게 단계별로 정리한 방법을 제시한다.

집필을 마친 뒤 처음부터 죽 살펴보니 내가 마치 매일 새벽에 일어나고 실수도 하지 않고 모든 1분까지 최대한 활용하는 슈퍼히어로처럼 보일 수도 있겠다는 생각이 들었다. 나는 그저 할 일을 목록으로 정리하는 것을 좋아하는 평범한 사람일 뿐이다.

물론 내가 아침 일찍 일어나 해야 할 일을 마무리하는 것은 사실이다. 그렇지만 나는 완벽한 사람이 아니다. 나는 당신이 '완벽함'을 '목표'라고 착각하지 않기를 바란다.

생산성이란 아침마다 일찍 일어나 하루를 의미 있게 보내는 끝없는 여정을 말한다. 장기적인 관점에서 아침 5시의 기적을 밑바탕으로 한 성공은 매일의 선택, 인생에서 중요한 목표를 향한 약속, 아침마다 새로 시작하는 기회를 의미한다.

다행히 우리가 저지른 실수나 실패가 다음 날 아침까지 되풀이되지는 않는다. 아침 5시에 동이 트면 말 그대로 새로운 인생이 시작되고 우리는 새로운 방향을 선택할 수 있다. 오늘은 오늘의 태양이 뜨는 법이다!

잠시 숨을 돌리고 다음의 3단계에 주목하라.

- 1단계 계획: 매일 하루를 시작하기 전에 계획적으로 준비한다.
- 2단계 실행: 중요한 목표를 달성하기 위해 정해둔 시간에 집중함으로써 눈에 띄는 발전을 이룬다.
- 3단계 검토: 일주일에 한 번 지난주에 한 일을 돌아보고 다음 주에 할 일의 계획과 실행을 검토한다.

한마디로 계획, 실행, 검토가 전부다. 벌써부터 아침 5시의 기적으로 이룬 당신의 성공 소식이 듣고 싶어 마음이 설렌다!

솔직한 조언
실컷 늦잠을 자보자

나는 각 장의 마지막 부분에 우리가 빠지기 쉬운 유혹과 저지르기 십상인 실수 및 문제를 다루는 '솔직한 조언' 공간을 따로 마련했다. 이는 나를 비롯해 많은 사람이 경험한 것으로 위험을 피하는 동시에 현실적으로 순조로운 진행을 돕기 위한 조언이다. 먼저 가장 중요한 조언은 이것이다.

"절대 내일 아침 5시에 기상하지 마라!"

제발이지 내일 일찍 일어나지 않길 바란다. 이미 의욕이 충만하다는 것은 잘 안다. 어서 시작하고 싶은 기분도 이해하지만 아직은 이르다. 이른 아침 일과를 소화할 준비도 하지 않고 당장 내일부터 아침 5시에 일어나면 당신은 나를 원망할 테고, 절대 이 책을 끝까지 읽지 않을 것이다. 그러니 우리 모두가 만족할 만한 방법을 찾아보자. 내일은 맘껏 늦잠을 자도 괜찮다. 아니, 오히려 숙면을 취하는 것이 좋다.

어쩐지 불길한 예감이 든다고? 그럴 것 없다. 당신이 두려워하는 고통 없이 아침형 인간으로 변신하는 방법을 상세하게 단계별로 설명할 테니 말이다. 아울러 가학적으로 고통을 즐기며 인생을 적극 바꾸고 싶어 하는 독자를 위한 설명도 추가했다. 어느 쪽이든 내일은 당신의 휴일이니 마음껏 누려라.

핵심요약 아침식사 전에 하루를 지배하기

1. '아침 5시의 기적'이란 인생 목표를 향해 나아가는 과정에서 눈에 띄는 성과를 거두고자 계획적으로 이불을 박차고 일어나 아침식사 전에 하루의 주도권을 쥐는 기적 같은 행동이다.

2. 아침에 일찍 일어나면 하루를 보다 생산적으로 보내는 것부터 남보다 먼저 일어나 아침이 주는 고요함을 만끽하는 것까지 놀라운 혜택이 많다.

3. 아침 5시의 기적을 경험하기 위해 꼭 새벽에 일어날 필요는 없다! 하루를 시작하고 지배하기 위한 기적의 시간은 얼마든지 스스로 정할 수 있다.

제2장

인생의 목표를 찾아서

효과적인 방법을 찾으려는 의지

아침잠은 인생에서 가장 큰 지출이다.

앤드류 카네기 Andrew Carneigie _기업가이자 자선사업가

내가 한때나마 아침 5시에 깨어 있었던 이유는 전날 밤부터 시작한 파티를 즐기느라 뜬눈으로 밤을 새웠기 때문이다. 심지어 나는 학교를 졸업하고 직장생활을 할 때도 선택의 여지가 없는 날만 일찍 일어났다. 아침형 인간도 아니고 일출을 감상하는 일에도 관심이 없었으니 어찌 보면 당연한 일이었다. 오히려 허락만 된다면 아침 일정은 가능한 한 짧게 잡았다.

출근하기 위해 아침 7시에 집을 나서야 하면 나는 6시 30분쯤에 간신히 일어났다. 그런 다음 집에 불이라도 난 것처럼 30분 동안 씻고 옷을 입고 허겁지겁 요깃거리를 입에 물고 머리를 정리하면서 밖으로 뛰어나갔다.

지금 달라진 내 관점으로 생각하면 과거의 나는 완전히 어리석었다. 어찌 그리 오랫동안 철없이 살았을까? 아침에 규칙적으로 일찍 일어나 계획을 짜고 살아가는 것을 생각할 머리조차 없어서 기회를 놓치며 살아왔단 말인가.

과거의 내 모습은 오늘날 많은 사람이 살아가는 모습과 유사하다. 그들은 대부분 아침 시간을 정신없이 보낸다. 스스로 만든 혼란스러운 아침은 어제와 다르지 않은 전형적인 아침에 불과하다.

반대로 아침에 일어나 아무 계획 없이 무기력하게 시간을 보내는 사람도 있다. 그들은 아침 내내 빈둥거리고 페이스북을 훑으며 시간을 낭비한다. 그렇게 아침 시간을 허비하고 하루를 어떻게 보내겠다는 의욕도 없는 상태로 출근한다.

양쪽 모두를 경험한 나는 그렇게 시간을 보내는 사람이 있다는 사실을 알고 있다. 확실한 목적을 정하고 의미를 부여해 방향을 잘 잡지 않으면 매일 반복되는 일상에 빠져들기 십상이다. 그러나 몇 가지 전략만 제대로 쓰면 문제를 고칠 수 있다. 이 사실을 알기에 나를 포함해 사람들이 스스로 잠재력을 포기하는 모습을 보면 안

타깝기 그지없다. 아침 시간을 전쟁을 치르듯 정신없이 보내든 아니면 고스란히 낭비하든 아침을 그런 식으로 보내면 안 된다.

당신은 그 시간에 훨씬 더 많은 일을 할 수 있다.

편안함은 위대한 포부의 적

나는 완벽한 삶을 떠올리며 이루고 싶은 것을 말할 때 항상 꿈, 성공, 행운, 포부 같은 단어를 반복적으로 사용한다. 이는 내가 읽은 수백 권의 자기계발서에 세뇌당했거나 아니면 정말로 심오한 무언가가 있기 때문인지도 모른다.

지난 몇 년 동안 나는 내 잠재력과 위대한 포부 사이의 거리를 좁히려고 무진장 노력했다. 또한 자기계발에 광적으로 집착하는 과정에서 위대한 포부는 성공과 마찬가지로 숭고한 목표이자 추구할 가치가 있음을 깨달았다.

몇 년 지나자 아침 일찍 일어나거나 조깅을 하는 것처럼 매일 실천하는 단순한 습관이 내 목표를 달성하는 원동력이라는 사실이 명확해졌다. 문제는 주어진 시간 동안 나는 열정적으로 위대한 포부를 추구하지 못했다는 것이다. 오히려 나는 편안하게 쉴 장소를 찾았다.

많은 것을 성공적으로 이끌었지만 여전히 나는 습관처럼 힘든 일은 피하고 어려운 일은 미루며 조금이라도 불편한 일은 무시하려한다. 그만큼 편안함에는 중독성이 있다. 여기저기서 우리를 유혹한다.

여기에다 우리는 편안하게 생활하도록 만들어진 도구 및 장치를 어디서나 보고 또 살 수 있다. 그렇다면 당신은 생활이 더 쉽고 편안해지기를 바라는가, 아니면 열심히 노력해 목표를 실현한 성공 사례로 남고 싶은가?

나는 내 잠재력을 깨우치려 적극 노력하면서 목표 달성의 의미를 스스로 정의했다. 위대한 포부는 끝이 정해진 상황이나 이루고 나면 끝나는 목표가 아니다. 그것은 하나의 과정이자 끊임없이 매일 치러야 하는 싸움이다.

위대한 포부는 날마다 어제보다 나은 모습으로 거듭나면서 달성하는 것이다. 그 성공 여부는 남의 시선이나 판단이 아니라 매일 아침과 남은 하루를 어떻게 보낼지 스스로 내리는 결정에 달려 있다.

현대 자기계발의 선두주자로 알려진 얼 나이팅게일Earl Nightingale은 성공을 '가치 있는 이상을 꾸준히 실현하는 과정'이라고 정의했다. 다시 말해 자신의 잠재력을 일깨우겠다는 목표를 향해 열정적으로 꾸준히 나아가면 결국 성공에 이르고 멋진 삶을 살 수 있다는 얘기다.

나는 팟캐스트에서 《석세스》SUCCESS지의 발행인 대런 하디Darren

Hardy의 명석한 아이디어를 빌려 21세기에 떠오르는 가장 중요한 기술이 집중력이란 주장을 소개한 바 있다. 그리고 산만함이 집중력을 방해하는 가장 큰 원인이라는 것도 설명했다.

현대사회에서 편안함은 집중력을 방해하는 대표적인 요인이며, 위대한 포부의 걸림돌이기도 하다. 편안함처럼 목표를 빨리 포기하게 만들거나 긴장을 풀어버려 집중력을 잃게 하는 장애물도 없다. 뇌는 본능적으로 편안함, 익숙함, 반복을 추구하는데 이것이 바로 강력하고 무의식적인 습관이 생기는 이유다.

당신의 성장을 더디게 만드는 이러한 본능을 극복하고 편안함을 피하려면 진정한 노력이 필요하다. 편안함은 당신이 성장하는 데 전혀 도움이 되지 않는다. 오히려 적극 방해할 뿐이다.

기름진 음식 섭취와 음주를 비롯해 돈을 빌리고, 밤늦게까지 자지 않고, TV를 보며, 어색한 대인관계를 피하는 것은 올바른 길을 무시한 채 쉬운 길을 택하려는 본능적인 욕망의 대표적인 예다. 선택권은 언제나 우리에게 있다. 올바른 길은 덜 매력적이고 당장은 끌리지 않지만 사는 내내 강력한 영향을 미친다.

다음과 같이 본능적인 욕망 대신 올바른 길을 선택해보자.

- 기름진 음식 대신 샐러드를 주문한다.
- 술을 마시는 대신 물을 마신다.

- 돈을 빌리는 대신 미래를 대비해 저축한다.
- 밤늦도록 깨어 있지 말고 일찍 잠자리에 든다.
- TV를 보는 대신 흥미진진한 책을 읽는다.
- 대화를 피하는 대신 흥미로운 대화를 유도한다.

본능적인 행동을 대신하는 선택이 흥미롭지 않은 것은 사실이다. 오히려 불편하고 더 많은 노력이 필요하다. 그러나 시간을 들여 꾸준히 노력하면 그 선택이 강력한 차이를 만들고 궁극적으로 위대한 포부를 이루도록 길을 열어준다.

당신은 성장할 기회를 낚아챌 수도 있고, 아니면 당신 주변을 맴도는 응석받이 강아지처럼 쉽고 편한 길을 찾아 헤맬 수도 있다. 편안함이 주는 유혹에 맞서 싸우며 위대한 포부를 이루려면 고통을 받아들여야 할 뿐 아니라, 심지어 마조히스트처럼 어느 정도는 고통을 즐겨야 한다.

마조히즘은 흔히 '고통이나 괴로움을 즐거움으로 받아들이는 심리상태'로 정의한다. 마조히즘을 받아들이면 고통이 커질 때 그것을 즐기기까지 한다. 더 나아가 '마조히즘 근육'을 키우는 훈련을 하면 편안함에 안주하고 싶은 성향을 극복할 수 있다. 다시 말해 결심을 다지고 점점 더 훌륭한 모습으로 변해가는 과정을 즐기면서 자신을 단련하는 것이 가능하다.

그렇다고 정말로 고통을 즐기라는 얘기가 아니다. 다만 포기하고 싶을 때 물러서지 않고 끝까지 해내는 능력을 기르고 의지를 다지라는 말이다.

더 강한 마조히즘 근육을 가질수록 더 많은 일을 해내는 한편 편안하게 안주하고 싶은 충동을 떨쳐낼 수 있다. 당신이 매일 어려운 일을 해내는 힘을 기르고 체계를 만들고 근육을 키우는 훈련을 한다면 더욱 생산성을 높이는 한편 성공할 수 있다.

마조히즘 근육을 단련하는 과정은 일련의 습관이다. 살아가는 내내 매일 조금씩 여러 가지를 실천할 경우 그것은 결국 눈에 띄는 성장으로 이어진다. 이 책 전반에 걸쳐 소개하는 과정과 '생산성을 높이는 7단계(73쪽 참조)'를 활용해 당신이 스스로 한계를 극복하도록 도울 것이다. 새로운 습관을 들이고 낯선 프로젝트에 도전하거나 처음 접하는 철학을 받아들일 기회는 넘쳐난다. 그리고 당신은 이를 통해 얼마든지 마조히즘 근육을 강하게 단련할 수 있다.

'아침형 인간이 돼라'는 맥락적으로 볼 때 '아침에 일어나는 것은 괴롭다'는 의미이다. 그래서 나는 아침에 일찍 일어나는 것은 쉽다고 말하지 않는다. 당신이 금세 포기하고 나와 함께하는 이 여정을 그만둘 것이 빤하기 때문이다. 포기하지 말자. 비록 지금은 고통스럽지만 근육을 더 튼튼하고 더 강하고 더 탄력 있게 키우면 나중에는 아무렇지도 않다.

그렇다고 아침 기상을 느슨한 마음자세로 도전해서 이룰 수 있는 일로 여기면 안 된다. 의미 있는 변화를 원한다면 그에 상응하는 투자가 필요한 법이다. 다행히 천천히 시간을 들이면 변화는 당신도 모르는 사이에 성큼 곁으로 다가올 것이다.

아침형 인간이 얻는 놀라운 혜택 열 가지

일단 아침에 일찍 일어나면 기분이 기막히게 좋다. 이렇게 말하면 너무 추상적이므로 여기 아침 5시 기상에 가치를 더해줄 놀라운 혜택 열 가지를 소개한다. 아직도 망설이고 있다면 당신의 등을 확실하게 떠밀어줄 열 가지 혜택을 살펴보자.

1. 하루의 시작을 계획하면 일정이 순조롭다

이 혜택은 아침에 일찍 일어나야 하는 여러 가지 이유 중에서도 이른 기상을 결심한 첫날에 가장 현실적으로 어울린다. 가령 평소보다 딱 15분 일찍 일어나 하루를 계획할 경우 당신은 하루를 지배할 준비를 마친 셈이다.

늦게 일어난 사람이 1분이라도 더 이불 속에서 버티려고 꿈지럭거리다가 허둥지둥 나갈 준비를 하는 동안, 당신은 이미 하루 일정을 정확히 기록한다. 또 필요한 일과 불필요한 일을 미리 분류하고 약속시간 및 필요한 준비사항까지 확인한다. 하루를 시작하기 전에 이렇게 일정표를 업데이트하면 하루 일정을 순서대로 소화하는 데 무리가 따르지 않는다.

단지 계획적으로 우선순위를 정하고 일정을 짜서 메모하는 것이 전부다. 아침 5시의 기적을 성취하고자 할 때, 시간을 어떻게 활용할지 계획하는 것은 가장 중요한 전략이다. 아울러 계획은 성공과 실패를 판가름하는 핵심이다!

2. 완벽한 고요를 만끽한다

이른 아침은 하루 중 유일하게 자신에게 온전히 집중할 수 있는 시간이다. 특히 가족이 아무도 깨지 않은 새벽은 더욱더 그렇다. 그 황금시간은 반복적인 일상에 쫓기느라 쉽게 놓치고 마는 즐거움을 만끽할 소중한 기회다.

독서, 명상, 기도, 요가 등 조용한 활동이면 무엇이든 상관없으니 그 시간을 최대한 활용하라. 촛불을 켜거나 조용한 음악을 틀어도 좋고 아니면 침묵 속에 앉아 있어도 좋다. 나는 어수선한 유형이라 한동안 명상을 거부했으나 지난 몇 년 동안 생각을 정리하고 스트레스를 낮추며 내면의 평화를 유지하려면 조용한 시간이 꼭 필요하다는 사실을 깨달았다.

설령 당신이 나처럼 생산성에 광적으로 집착하고 혈액형이 A형에다 포부가 큰 사람일지라도 인생을 천천히 만끽하도록 주어지는 단 몇 분의 혜택을 무시하지 마라.

3. 더 잘 자고 더 규칙적으로 일어난다

알람이 울릴 때 규칙적으로 일어나려면 정해놓은 시간에 잠자리에 들어 필요한 만큼 숙면을 취해야 한다. 내가 생활습관을 규칙적으로 바꾼 뒤 뜻하지 않게 얻은 수확 중 하나가 수면 습관이 좋아졌다는 점이다.

수면의 질에 영향을 주는 요소는 많지만 그중 규칙적인 습관이 가장 중요하다. 아침에 일찍 일어나기로 한 나는 취침시간을 우선순위에 두었고, 결과적으로 일찍 잠자리에 들기 위해 업무를 일찍 마쳐야 했다. 그리고 업무를 일찍 마치려면 하루를 보다 계획적이고 효율적으로 사용해야 했다. 이제 감을 잡았는가? 하루에 딱 한 가지 규칙이라도 확실하게 세워놓으면 그것은 다른 선택사항에도 영향을 미친다.

질 좋은 수면은 오로지 규칙과 준비가 좌우한다. 정해진 시간에 잠자리에 들 준비를 하면 몸과 마음도 자연스럽게 쉴 준비를 한다.

4. 보다 활기차고 긍정적으로 변한다

나도 그렇지만 사람들은 대부분 아침에 그리 단정치 않다. 아침에 일어나면 머리에는 까치집이 생기고 눈에는 눈곱이 끼며 상상하기도 싫을 만큼 끔찍한 입 냄새가 난다. 더구나 나는 만면에 해맑게 미소를 띠며 일어나지도 않는다.

물론 이것은 과거의 모습이다. 요즘 나는 활기차게 일어나 아침 일과를 시작한다. 타고난 유전자에 활력이 넘쳐서가 아니다. 습관, 체계, 선택의 결과이다. 즉 꾸준히 되풀이하며 인내하는 것이 필요하다.

아침 일정 중에서도 나는 생산성을 높여주는 활기를 가장 중요하게 생각한다. 활기란 건강에서 뿜어져 나오는 자연적인 부산물로 대단한 능력이 있다.

처음부터 활기차게 살 수 있다면 왜 무기력하게 지쳐 있겠는가? 나가서 달릴 수 있다면 왜 소파에 누워 있고 싶겠는가? 활기가 넘친다면 일부러 망설일 필요가 어디 있겠는가?

제7장에서 자세히 다룰 예정이다. 여기서는 당신의 아침을 즐겁고 긍정적으로 채우기를 원한다면 충분히 해낼 수 있다는 사실을 기억하자. 아침에 웃으면서 이불을 박차고 일어나겠다고 결심할 경우 이것은 얼마든지 가능한 일이자 노력할 가치가 있는 일이다.

5. 집중력이 향상된다

아침 일찍 일어났을 때 집에서 깨어 있는 사람이 당신뿐이라면 이는 당신 앞에 빛나는 기회가 펼쳐진 것이나 다름없다. 새벽에 누리는 가장 큰 혜택은 바로 소음과 방해가 없다는 점이다. 당신이 목표를 향해 나아가는 길을 가로막는 장애물은 전혀 없다. 스스로 소음을 만들지 않는다면 말이다.

많은 사람이 TV를 켜면서 하루를 시작한다. 아침에 눈을 뜨자마자 아침 토크쇼, 뉴스, 만화를 틀어 놓거나 전날 저녁에 시청하지 못한 프로그램의 재방송을 찾아본다.

집중해서 실행하겠다는 결심을 했다면 먼저 TV처럼 집중을 방해하는 대상을 없애야 한다. 불필요한 방해를 없애겠다는 결심이 확실할 경우 '집중'이 주는 혜택을 누릴 수 있다. 집중이란 가장 중요한 한 가지를 제외한 나머지를 정리하는 것을 말한다. 집중해서 아침 일과를 실행하고 거기서 얻는 단순함을 받아들이면 집중이 주는 혜택을 지속적으로 누릴 수 있다.

6. 정신이 맑아지고 창의성이 발달한다

정말로 중요한 일을 늦은 밤에 해본 적이 있는가? 그 결과가 어땠는가? 당신도 나랑 비슷하다면 아마 정신을 다잡느라 씨름했을 것이다. 뇌가 지치면 명료하게 생각하는 일은 더욱 어려워지고 종종 고통스럽기까지 하다.

오랜 시도와 실수 끝에 나는 두뇌가 가장 명석해지는 시간은 오후가 아니라 오전이라는 사실을 깨달았다. 나뿐 아니라 많은 사람들이 동의한다. 켈리 맥고니걸Kelly McGonigal은《왜 나는 항상 결심만 할까?》The Willpower Instinct라는 책에서 의지력은 무한한 자원이라 주장하며 잠을 자면서 의지력을 기르는 방법을 소개한다.

하루가 끝나갈 무렵이면 비축해둔 자제력과 충만하던 업무 욕구는 서서히 사라진다. 그러다가 결국 아주 간단한 일조차 애써 노력하지 않으면 제대로 해내지 못한다.

타고난 두뇌 회전 기능을 잘 활용하고 싶다면 이른 아침에 최대한 집중해보자. 이른 아침이 꼭 적당한 시간이라고 할 수는 없지만 글을 쓰려고 저녁에 맥주 한 잔 마실 시간까지 기다리지는 말자.

7. 더욱 매력 있고 건강한 신체로 바뀐다

내가 선택한 최고의 아침 일정은 집중이 필요한 중요한 프로젝트나 건강관리다. 급히 끝내야 할 프로젝트가 없으면 나는 아침 5시에 그린 스무디를 마시고 운동코스를 달린 뒤 기구를 사용해 거꾸로 매달리는 운동을 한다.

아침은 자신을 관리하기에 이상적인 시간이다. 많은 사람들이 잽싸게 체육관에 다녀오려고 아주 짧은 시간을 내거나 자기관리에 전혀 시간을 투자하지 않는다. 아침 5시에 할 수 있는 일과 중에서도 특히 건강한 아침 식단과 운동은 가장 우선시해야 한다.

아침에 일찍 일어난다고 몸무게가 마법처럼 줄어들지는 않지만 아침에 일찍 일어나는 사람은 대개 운동을 한다. 그리고 그들은 건강한 식단으로 아침식사를 한다. 이런 사람은 몸무게가 줄어드는 경향이 있고 몸무게가 줄어들면 자신감이 높아진다. 이것은 나를 비롯해 무수히 많은 사람에게 통했고 당신에게도 통할 방법이다.

8. 나날이 생산성이 높아진다

아침에 일찍 일어나면 생산성이 하루 종일 지속되는 잔류 효과 residual effect를 누린다. 아침을 계획적으로 시작할 경우 하루를 계획적으로 마무리할 수 있다. 나 역시 늦잠을 자는 날이 있는데 그런 날은 일찍 일어나는 날에 비해 생산적으로 보내지 못한다.

계획적으로 일찍 일어나면 계획에 따라 하루를 보낸다. 반면 계획 없이 하루를 즉흥적으로 보낼 경우 예상대로 기대 이하의 결과를 낳는다. 훈장을 받은 군인처럼 업무를 완수하며 하루를 보내고 싶다면, 계획적이고 생산적으로 아침을 시작하고 마찬가지 방법으로 하루를 마무리해야 한다.

9. 위대한 포부를 향해 한 걸음 가까이 다가간다

'생산적'이란 할 일을 완수한다는 의미지만, 아침 5시의 기적이 전달하려는 기본 취지가 단순히 더 많은 일을 끝내자는 것은 아니다. 아침에 일찍 일어난다는 것은 기회의 문을 연다는 의미다. 그때는 말 그대로 무엇이든 할 수 있다. 예전에 누리지 못한 여유로운 시간이 생기면서 선택폭이 굉장히 넓어지기 때문이다.

당신은 그 시간을 최대한 활용할 수도 낭비할 수도 있다. 그 열쇠는 당신이 시간을 어떻게 활용할지 미리 결정하는 데 있다. 아침 5시의 기적을 통해 더 많은 일을 해내는 사람들은 위대한 포부를 이루기 위해 확고한 계획을 갖고 아침 일찍 눈을 뜬다.

간절한 열망을 성취하고자 시간을 따로 마련했을 때 당신은 위대한 포부를 향해 성큼 다가설 수 있다. 예컨대 마라톤을 연습하고 책을 집필하고 사업을 시작하고 대학원에 진학하고, 그 밖에 가치 있는 것을 할 시간이 생긴다. 하루에 딱 한 시간일지라도 주5일이면 당신이 세운 목표를 향해 의미 있는 진척을 이루기에 충분하다.

10. 크게 성공한 사람들과 어깨를 나란히 할 수 있다

전 스타벅스의 최고경영자 하워드 슐츠Howard Schultz, 버진 그룹을 창업한 리처드 브랜슨Richard Branson, 《보그》Vogue의 편집장 애나 윈터Anna Wintour, 애플의 최고경영자 팀 쿡Tim Cook의 공통점은 무엇일까? 사업에서 놀라운 성공을 보여준 그들은 모두 아침형 인간이다.

브랜슨과 윈터는 아침 5시 45분에 일어나고 슐츠와 쿡은 4시 30분에 하루를 시작한다. 벤저민 프랭클린, 토머스 제퍼슨, 마거릿 대처, 버락 오바마, 조지 부시, 프랭크 로이드 라이트, 찰스 다윈 같은 유명 인사도 마찬가지다. 계획과 성공, 이른 기상과 대단한 성공, 계획적인 아침과 세상을 바꾸는 힘 사이에는 분명한 상관관계가 있다. 그러니 놀라운 성공을 향한 여정을 시작하고 싶다면 내일 아침 당신의 첫 번째 일정은 일찍 일어나는 것이어야 한다.

솔직한 조언
자신에게 어울리는 이름을 지어주자

마라톤 선수가 되기 전까지 나는 마라톤 선수가 아니었다. 또한 팟캐스트를 진행하기 전까지 나는 팟캐스트 진행자가 아니었다. 작가, 남편, 대졸자 등 어떤 명칭으로 불리든 간에 실제로 불리기 전까지 나는 그런 사람이 아니었다.

이름이 의미하는 대로 생활하기 전까지 당신은 새로운 사람으로 변한 것이 아니다. 실제로 달려야 마라톤 선수가 되듯 행동으로 옮기지 않으면 스스로를 운동선수, 성공한 사람, 아침형 인간이라 부를 수 없다. 마라톤을 생활의 일부로 처음 받아들였을 때 내게는 큰 걸림돌이 하나 있었다. 나는 스스로를 마라톤 선수라고 생각하지 않았다. 나를 마라톤 선수라고 불러본 적도 없고 그렇게 부르기도 두려웠다.

'기량이 뛰어나지도 않은데 운동선수라니? 더구나 잘하지도 않잖아.'

2006년 여름 프라하에서 해외 연수를 마치고 집으로 돌아왔을 때 내 몸

상태는 최악이었다. 그때 나는 건강관리를 위해 달리기를 선택했다. 처음에는 한 번에 5분 정도를 매일 달렸다. 그 양은 서서히 늘어났고 여름이 끝나갈 무렵에는 하루에 8킬로미터를 달렸다.

나는 육상선수였는가? 나는 그렇다고 생각한다.

그럼 매일 5분 정도 달렸을 때도 육상선수였을까? 나는 그렇지 않다고 생각한다.

하루에 8킬로미터를 달리기 전까지 나는 선수가 아니었다. 왜 그렇게 명확한 선을 그었는지 모르지만 아무튼 나는 그렇게 기준을 정했다. 비록 모래 위에 그은 선처럼 흔적이 사라질망정 그것은 내가 정한 발전의 표시였다.

선수로 거듭난 내 경험담은 당신이 자신의 새로운 모습을 발견하고 공유하는 이야기와 같다. 어느 날 갑자기 스스로를 아침형 인간이라고 부를 수는 없겠지만 계속 실천하다 보면 언젠가 그것은 당신을 나타내는 단어가 된다. 겉보기에 대단히 달라진 변화는 없어도 내면의 변화는 상당히 감격스러울 정도다.

걸음마부터 시작해 자신을 내려놓자. 의미 있는 변화를 일으킬 때 이 걸음마는 상당히 중요하다. 새로 생긴 이름에 구체적으로 의미를 부여하고 그 이름을 주저 없이 받아들여라.

나는 나 자신을 마라톤 선수로 부르기까지 너무 오랜 시간이 걸렸다. 하루에 5분을 달리든 8킬로미터를 달리든 실제로 행동한 것만은 틀림없는 사실이다. 아무리 심각한 올빼미족도 행동으로 옮기면 어느 날 자신을 아침형 인간이라 부를 날이 꼭 온다.

핵심요약 아침 기상이 근사한 이유

1. 하루를 효과적으로 계획할 수 있는 소중한 시간이 생긴다.

2. 이른 아침은 명상, 기도, 요가를 하거나 잠시 침묵하기에 완벽한 시간이다.

3. 규칙적으로 잠자리에 들고 아침에 일찍 일어나면 수면 습관이 놀라울 정도로 좋아진다.

4. 더 활기차고 긍정적으로 바뀐다.

5. 중요한 목표에 집중하기가 훨씬 수월하다.

6. 사고력이 더 명료해지면서 예전보다 훨씬 빠르게 창의적인 사고가 흘러넘친다.

7. 아침형 인간은 더 열심히 운동하고 더 건강한 식단으로 매력적인 몸매를 가꾼다.

8. 하루를 지배할 결심을 하고 아침에 일찍 일어나면 깔끔한 업무 처리가 보장된다.

9. 규칙적으로 아침 5시의 기적을 실천하면 중요한 목표를 이룰 가능성이 커진다.

10. 성공한 사람은 대부분 아침에 일찍 일어나며 당신도 곧 그 일원이 될 예정이다.

제3장

열정적으로 이불을 박차고 일어나기

아침형 인간이 되는 가장 효과적인 방법

아침에 잠에서 깨어나 자신이 하고 싶은 일을 할 수 있는 사람
은 성공한 사람이다.
밥 딜런 Bob Dylan_**음악가, 노벨문학상 수상자**

내가 강연장에서 아침형 인간이 누리는 혜택을 설명할 때마다 가
장 많이 질문하는 사람들은 성향이 전혀 다른 올빼미족이다. 그들
은 강연을 듣고도 같은 질문을 반복하며 여전히 의심을 한다.

"저는 올빼미족인데 정말로 생활방식을 바꿔 아침에 일찍 일어날
수 있을까요?"

대답은 간단하다.

"당신의 의지만 있다면 충분히 가능합니다."

매일 일어나는 시간이 유전적으로 정해진 것은 아니다. 당신은 매일 아침 베개가 당신을 놔주지 않을 운명을 타고나지 않았다. 아침에 규칙적으로 일찍 일어나는 것은 어디까지나 기술일 뿐이다. 시간을 들이면 기술이 향상되면서 확실하게 발전한다.

요컨대 현재 잠자리에 드는 시간과 기상시간에 상관없이 간단히 몇 단계 절차를 따르면 당장이라도 변화할 수 있다. 이는 올빼미족도 실행이 가능한 일이다.

아침형 인간으로 변신하는 효과적인 7단계

일찍 일어나는 것이 당신을 대단한 성공으로 인도할 최고의 전략이라고 말했으니, 이제부터 밤을 불태우는 올빼미족에서 태양을 찬양하는 아침형 인간으로 변신하는 7단계를 소개하겠다.

1. 내면에 사는 플랜더스를 받아들인다

네드 플랜더스는 〈심슨 가족〉The Simpsons에서 내가 제일 좋아하는 캐릭터다. 커다란 안경을 쓰고 거슬리는 목소리를 내는 그는 짜증이 날 정도로 활발한 괴짜 중의 괴짜로 세 가지 인생철학을 따른다. 그것은 '깨끗하게 살기', '꼭꼭 씹어 먹기', '매일 교회에 가기'다.

진정 아침형 인간이 되고 싶다면 아침형 인간처럼 생각해야 한다. 이제 내면의 플랜더스를 받아들이고 플랜더스가 하는 대로 할 때다. 만약 당신이 이 단계를 건너뛰기로 하고 계속 플랜더스를 부정하는 상황이라면 일찍 일어나는 것이 소용없다. 왜냐하면 잘못된 이유에 의해 행동하기 때문이다. 물론 초반에는 일찍 일어날지 몰라도 시간이 흐를수록 지지부진해지면서 결국 포기하고 만다.

실행에 옮길 열정적인 이유도 없이 억지로 아침 5시에 일어나려 하면, 얼마 지나지 않아 이른 기상이 주는 혜택을 무시하며 늦잠을 잘 구실을 찾아 나선다. '열정적인 이유'에 성패가 달려 있다. 원대한 포부의 달성이 중요하다면 이불을 박차고 활기차게 일어나는 것을 더욱더 중요시해야 한다.

해결방법: 플랜더스의 팬이 아니라면 플랜더스 대신 본보기로 삼고 싶은 성공적인 아침형 인간을 찾아 그를 본받고 맹신하자. 토머스 제퍼슨이나 마거릿 대처의 인생, 습관, 성공을 연구해 차세대 토머스 제퍼슨이나 마거릿 대처가 되어보자. 자기 분야에서 가장 성공한 근사한 미래 모습을 상상하며 본받자.

2. 거북이처럼 훈련한다

우습게도 인생에 커다란 영향을 미치는 변화는 오히려 처음 한 번은 쉽게 할 수 있다. 예를 들면 연습하지 않아도 마라톤에 도전할 수 있고, 갚을 방법이 없어도 돈을 빌리는 것은 가능하다. 그리고 당장이라도 밤을 새워 큰 프로젝트를 끝낼 수 있다. 하지만 이처럼 단기적인 선택은 그 순간에만 효과적일 뿐 고통스러운 부작용을 남긴다.

연습하지 않고 마라톤을 하면 참가상은 받을 수 있을지 몰라도 엄청나게 고통스러운 근육통에 시달린다. 며칠은 걷지 못하기 때문에 다시는 뛰고 싶은 마음이 들지 않을지도 모른다. 또한 갚을 방법도 없이 돈을 쓰면 나중에 파산해서 부모님에게 얹혀살 수도 있다. 프로젝트를 끝내기 위해 밤을 새울 경우 상당한 진척은 이루겠지만 앞으로 며칠 동안 일정이 엉망이 되고 만다. 나 역시 여러 번 밤을 새워 일해본 적이 있는데 모든 일이 끝난 후에는 언제나 효율적으로 미리 계획하지 못한 것을 후회했다.

이런 방법은 장기적인 해결 방안이 아니다. 전부 일시적이고 시간이 지나면 거의 소용이 없다. 큰 프로젝트는 자세히 나누고 장기적으로 실천할 수 있도록 계획해야 한다.

성공한 아침형 인간이 된다는 것은 충동적이거나 변덕스러운 결정이 아니다. 그것은 삶의 방식이고 생각의 방식이다. 이번 주, 내년 혹은 앞으로 50년 동안 성공하고 싶다면 당신을 그곳으로 데려다 줄 확고한 계획이 필요하다.

해결방법: 달력을 펼쳐 일정을 다시 짜보자. 일단 수면 습관을 알

면 장기적인 관점으로 계획을 짜서 서서히 바꿀 수 있다. 이른 아침에 달성하고 싶은 목표는 무엇인가? 밤에 하는 일과 중 고쳐야 할 사항은 무엇인가?

3. 카페인 중독을 치료한다

나는 커피를 사랑한다. 특히 아침마다 마시는 더블 에스프레소를 무척 좋아한다. 그러나 이른 아침 일정으로 변화를 시도하려면 일시적으로 매일 섭취하는 카페인 양을 조절할 필요가 있다. 카페인 중독자인 나는 당신이 이를 불가능한 일로 느끼는 기분을 충분히 이해한다. 다행히 더 일찍 일어나기 위해 커피를 포기할 필요는 없다. 그렇지만 이른 기상을 보다 쉽게 지키려면 밤에 일찍 잠자리에 들 수 있을 정도로 하루의 커피 섭취량을 줄이는 것이 좋다.

'일찍 자면 일찍 일어날 수 있다'는 논리는 간단하지만 카페인을 줄여야 하는 희생이 따른다는 점은 유감이다.

해결방법: 매일 마시는 카페인 양을 줄이고 하루 카페인 섭취량의 한계를 정하자. 예를 들어 더 빨리 잠들기 위해 나는 아침에만 커피를 마시고 오후에는 절대 섭취하지 않는다.

4. 밤늦게 하는 일과를 조정한다

대학 시절 나는 늦은 밤까지 작업을 하다가 출출해지면 야식을 먹으려고 타코 벨에 자주 갔다. 그곳에서 부리토, 엔칠라다, 1리터가 넘는 탄산수를 게걸스럽게 먹어치웠다. 지금은 그렇게 먹던 내 모습을 떠올리면 불쾌해서 참을 수가 없지만 말이다.

자신의 심야 습관을 살펴보고 좀 더 일찍 할 수 있는지 판단해보라. TV를 너무 많이 보는가? TV를 끄자. 새벽 1시가 넘도록 페이스북에 빠져 있는가? 이제 그만하자. 주중에 친구들과 늦게까지 어울리는가? 유감스럽지만 친구는 금요일까지 기다렸다가 만나자.

이런 변화를 순조롭게 진행하려면 당신이 가장 좋아하는 심야 습관을 간단하게 조정해야 한다. 영원히 TV를 멀리하고 소셜 네트워크를 끊을 필요는 없지만 취침 시간을 넘기면서까지 빠져서는 안 된다.

해결방법: 현재의 심야 습관을 목록으로 적어보자. 시간을 바꾸거나 줄이거나 완전히 포기할 수 있는 습관은 무엇인가?

5. 정해놓은 시간에 규칙적으로 잔다

아침에 일찍 일어날 수 있는 가장 효율적인 방법은 저녁에 일찍 자는 것이다. 잠자는 시간을 규칙적으로 정하기 위해서는 바쁘게 일하는 자신과 피곤해서 눕고 싶은 자신 사이의 걸림돌을 확실히 없애야 한다.

그래서 나는 저녁 8시가 되면 하던 일을 중단하는 규칙을 정했다.

정각 저녁 8시가 되면 나는 무엇을 하고 있든 모두 그만둔다. 즉, 컴퓨터, 휴대전화, TV, 아이패드를 포함해 모든 기계 장치를 끈다.

이 시점에서 나는 미처 끝내지 못한 일을 마무리하든가 아니면 다른 날로 재조정한다. 나는 내일 해야 할 업무 리스트를 작성하고 모든 이메일에 답장한 뒤 받은 메일함을 비운다. 그리고 나서 샤워를 한 후 책을 한 권 집어 들고 침대로 간다.

저녁 일정도 아침 일정과 마찬가지로 기록하는 것이 좋다. 미리 계획하고 초과 시간을 수정하고 최적화함으로써 매일 밤 어김없이 정해진 시간에 잘 수 있다. 물론 예외의 경우가 있을 수도 있으나 계획을 잘 짜서 상황에 맞게 주기적으로 수정하면 성공 가능성이 극적으로 높아진다.

해결방법: 종이를 꺼내 이상적인 저녁 일정을 계획하자. 해야 할 일과 시간을 적어보자. 필요할 경우 일과를 정해진 시간에 한꺼번에 종료하는 규칙을 정한다. 계획을 세운 뒤에는 가족에게 그 내용을 알리고 늦은 밤에 사무실에서 연락하는 사람들과도 공유한다. 새로운 수면 습관을 들이려 한다는 사실을 상사에게 알려야 상사가 한밤중에 연락하지 않는다. 나만의 저녁 일정 짜기는 제7장에서 더 자세히 설명하고 있으니 참조하자.

6. 시간을 조금만 되돌린다

이 방법은 모든 변화의 출발점이다. 가령 내일 알람을 15분 빠르게 맞춰놓고 오늘 밤 평소보다 15분 일찍 잔다. 이는 장기적으로 일찍 일어나는 수면 습관을 기르기 위한 소박한 준비 단계다.

평소 취침시간이 11시 정도이고 앞으로는 9시 30분에 잠자리에 들고 싶다면 차이가 나는 90분을 15분 단위로 줄여가며 계획을 세운다. 변화 과정을 알아채지 못하는 것이 가장 좋으므로 새로 정한 시간에 익숙해질 때까지 더 일찍 일어나기 위해 무리하지 말자.

그 과정이 오래 걸린다고 걱정하지 마라. 익숙해졌다고 느낄 때마다 시간을 조정하자. 일정이나 신체가 변화에 반응하는 상태에 따라 내일, 다음 주 또는 지금부터 몇 주간 적당한 시간에 일어나도 괜찮다.

해결방법: 처음으로 15분 일찍 알람을 맞출 계획을 짠다. 먼저 취침시간을 확실히 정해놓고 필요한 만큼 적당한 수면시간을 계산해서 알람을 맞춘다.

7. 일어나서 긍정적인 일을 한다

변화를 시도하며 새로 생긴 15분을 건전하고 생산적으로 활용하도록 새로운 계획을 짠다. 그저 15분 일찍 일어나기만 할 뿐 예전과 다를 바 없이 시간을 보내면 잠자는 시간을 빼고 달라지는 것은 없다. 그러므로 생산성을 높이고 눈에 보이는 결과를 만들 목표를 세워야 한다.

특별히 얻은 15분 동안 의미 있는 어떤 활동을 해도 좋지만 처음에는 그동안 못한 일을 하라고 권하고 싶다. 예를 들어 요가를 좋아하는데 시간을 낼 수 없었다면 15분 동안 요가를 해보자. 자신이 좋아하는 것을 하면 생각보다 훨씬 더 보람이 느껴진다.

우선 아침에 하고 싶은 일이나 오후 늦게 하던 일이지만 아침 시간으로 옮기고 싶은 것이 있다면 목록으로 작성해보자. 가장 좋은 아침 습관은 활기차게 일어나 하루를 긍정적으로 시작하도록 돕는 것들이다. 나는 명상, 기도, 긍정적인 내용의 책을 읽는 것처럼 차분하고 평화로운 습관을 추천한다.

필라테스나 아침 산책, 조깅, 팔굽혀펴기를 하는 것도 좋다. 내 경험상 짧긴 해도 강도 높은 운동을 아침 일과에 포함시키면 확실하게 아침형 인간으로 바뀔 수 있다. 보다 쉽고 효과적이면서도 속도를 내며 변화를 만들고 싶다면 아침 일과에 운동을 포함시키는 것이 가장 확실한 방법이다.

해결방법: 새롭게 얻은 특별한 15분을 활용해 건강한 습관을 계획하자. 꼭 한 가지만 할 필요는 없다. 매일 같은 일정으로 반복하고 싶지 않다면 '명상하는 월요일', '조깅하는 화요일'처럼 주기적인 일정을 만들자.

빠르고 편리한 요령

평소 스스로를 마조히스트라고 생각했거나 아침형 생활방식으로 전환하는 과정이 고통스러울 정도로 더디다면 해결 방법이 있다. 즉, 앞에 말한 7단계를 반복하되 6단계를 조정해 내일 아침 당신이 편안한 시간에 일어나는 것이다. 이런 간단한 변화로 당신은 해외 여행객 같은 느낌을 갖게 될 것이다. 시차를 느끼듯 이상하게 피곤하지만 마침내 해낸 듯한 만족감도 느껴진다.

비록 처음 며칠은 힘들겠지만 그리 오래 괴롭진 않다. 전환 과정을 시작한 뒤 처음 며칠은 머리를 많이 쓰지 않는 업무나 프로젝트로 일정을 조정하라고 권하고 싶다. 며칠 휴가를 내는 것도 좋은 방법이다. 밀린 집안일, 아무 생각 없이 할 수 있는 일, 무엇이든 혼자할 수 있는 일을 처리하는 것도 괜찮다. 피로와 짜증을 혼자 풀어보려 노력하는 것이니 가족이나 동료에게 베푸는 호의라고 생각해도 좋다.

당신에게 필요한 수면시간과 새로운 기상시간에 따라 취침시간을 조정하는 것을 잊지 말자. 어쩌면 당신은 잠시라도 눈을 붙이고 싶은 마음이 절실할 때 잠들기가 더 쉽다는 것을 깨달을지도 모른다.

사람들이 자주 묻는 질문

Q: 생활방식을 완전히 바꾸려면 얼마나 걸리나요?

A: 전적으로 당신에게 달려 있습니다. 빠르고 편리한 요령을 활용하면 내일이라도 아침 5시에 일어날 수 있고 아니면 몇 주, 몇 달에 걸쳐 천천히 이뤄집니다. 평소 일정과 아침형 인간이 되고 싶은 결심이 얼마나 확고한가에 따라 다르지만 익숙해질 때까지 시간이 걸립니다.

Q: 일주일 내내 일찍 일어나야 하나요? 주말은 어떻게 하죠?

A: 아침 5시의 기적이 보여주는 진가가 여기에 있습니다. 결론부터 말하자면 매일 아침 일찍 일어날 필요는 없습니다. 아침 5시는 상징적인 시간일 뿐입니다. 일어나고 싶을 때 일어나도 괜찮습니다.

그러나 진정 성공한 아침형 인간이 되고 싶다면 가능한 한 수면 일정이 규칙적이어야 합니다. 주중에 아침 5시에 일어나다가 토요일에 11시에 일어나면 체내 시계 흐름이 형편없이 깨집니다. 그렇다고 대인관계를 포기하고 금요일 밤에도 집에 틀어박혀 있어야 하는 것은 아닙니다. 생산성이 중요하다면 그에 걸맞은 희생도 필요합니다. 다행히 융통성을 발휘해도 긍정적인 습관은 계속 유지할 수 있습니다.

Q: 충분한 수면시간은 최소 몇 시간입니까? 하루를 최대로 활용하기 위해 수면시간을 줄이면 생산성도 줄어들까요?

A: 제가 수면 전문가는 아니지만 피로 해소에 필요한 충분한 수면시간은 사람마다 다릅니다. 예를 들어 제 아내는 9~11시간을 자야 충분히 잤다고 말합니다. 반면 저는 7~8시간만 자도 푹 쉬었다고 느낍니다.

자기 몸은 자신이 가장 잘 알고 있기 때문에 활기차게 일어날 수 있는 수면시간도 자신이 제일 잘 압니다. 목표는 가능하면 자주, 그리고 규칙적으로 충분한 잠을 자는 것입니다. 충분히 자지 않으면 오히려 생산성이 떨어집니다. 가끔은 단기적인 희생을 감수할 가치도 있지만 삶의 위대한 포부를 이루는 일은 장기전입니다. 잠은 마법과도 같습니다. 휴식으로 신체리듬을 건강하게 관리하면 몸이 고마워하는 것을 느낄 수 있습니다.

Q: 늦게 잠자리에 들어 충분히 못 잤어도 일찍 일어나야 하나요?

A: 목표에 전념하고 싶은 의욕이 잘 드러나는 바람직한 질문입니다. 그러나 밤에 늦게 자고 일찍 일어나면 역효과만 불러일으킵니다. 저는 절대로 자정이 지나 잠이 든 사람에게 동이 틀 때 일어나라고 조언하지 않습니다. 그건 말이 되지 않습니다.

이는 심각한 수면 부족을 초래하고 결국 생산성을 현저하게 떨어

뜨립니다. 제대로 잠을 못 자면 명료하게 사고하는 능력이 떨어져 현명한 의사결정을 하지 못하고, 업무에 최선을 다할 수 있는 최상의 컨디션도 유지할 수 없습니다. 이러한 악순환이 반복된다면 차라리 푹 자는 편이 낫습니다. 며칠이 걸리더라도 충분히 쉬고 평상시처럼 아침을 맞이할 수 있도록 회복하십시오.

Q: 늦잠을 자면 어떡하죠? 생산성이 떨어질까요? 늦잠을 자면 남은 하루를 어떻게 보내야 할까요?

A: 분명 늦잠을 자는 날도 있습니다. 저도 그렇지만 아주 흔한 일이죠. 늦잠을 자도 나머지 깨어 있는 시간을 현명하게 활용해야 합니다. 늦잠을 잔다고 생산성이 떨어지지는 않지만 그동안 구축해놓은 중요한 아침 습관에 나쁜 영향을 미칠 수 있습니다. 심각하게 생각하지 마십시오. 오늘 아침에는 운동을 못해도 괜찮다고 생각하고 다음 일과로 넘어가십시오.

아침에 하지 못한 일과는 오후에 다른 형태로 보완할 수 있고 또 내일은 원래대로 돌아가면 됩니다. 이것은 어디까지나 스스로 결정해야 합니다. 이때 가능한 한 빨리 평소 모습을 회복해 큰 그림을 보려고 집중해야 합니다.

Q: 함께 사는 가족은 어쩌죠? 제가 결혼을 해서 아이가 있거나 룸메이

트가 있거나 아니면 애완동물을 세 마리나 기르고 있다면요? 저처럼 정신없이 바쁜 사람이 어떻게 일찍 일어나죠?

A: 삶의 방식이 서로 다른 사람이나 동물과 한집에서 산다는 것이 게으름을 피우는 핑계가 될 수는 없습니다. 우리는 모두 역경을 이겨내고 예기치 못한 상황을 헤쳐가야 합니다.

사회에 나온 뒤 저는 몇 년 동안 마라톤 연습을 하고 새로운 사업을 시작하는 동시에 전국을 돌며 강연을 하느라 일주일에 70시간 이상 일했습니다. 그래서 바쁜 생활이 어떤지 누구보다 잘 이해합니다. 저 역시 가족이나 룸메이트와 여러 해를 함께 살았기 때문에 여러 사람과 부대끼면서 목표를 향해 나아가는 일이 어떤지 잘 압니다.

물론 뒤로 물러서서 걸림돌을 그저 바라보고만 있는 것도 하나의 선택입니다. 하지만 인생에서 내가 어디쯤 와 있는지 파악하는 것은 권장할 만한 일입니다. 살다 보면 더러는 행복을 방해받기도 합니다. 알베르트 아인슈타인은 이렇게 말했습니다.

"위기가 곧 기회다."

문제해결 방법은 언제나 혼돈 속에 묻혀 있습니다. 과거에 미처 알지 못했더라도 당신이 생각을 바꾸면 빛나는 발전을 이룰 놀라운 방법이 생기게 마련입니다. 저는 현재 상황이 답답하고 부담을 느낄 때마다 새로운 관점을 찾아봅니다. 그리고 스스로에게 묻습니다.

"내가 놓치고 있는 것은 무엇일까? 방법이 이것뿐일까? 어떻게 하면 이 문제를 해결할 수 있을까?"

질문을 하면 답은 언제나 떠오릅니다. 설령 듣고 싶지 않은 답일지라도 답은 항상 있습니다.

나 일어났어요. 그 다음은요?

이제 당신이 7단계를 성실히 실천해 아침형 인간으로 변했거나 변화하는 과정에 있다고 가정해보자. 그러면 새롭게 얻은 소중한 아침 시간에 무엇을 해야 할까?

나는 제7장에서 이상적인 아침 일과를 구성하는 방법을 몇 가지 단계로 설명하고 있다. 이를테면 훌륭한 일과 사례를 보여주고 아침 일과를 인생 목표와 연결하는 방법을 설명한다. 그리고 이를 활용하면 당신은 최고로 완벽한 일과로 일상을 채울 수 있다.

그럼 이제부터 아침 5시 설계도를 활용해 당신이 새롭게 시작할 생산적인 생활의 진가를 탐구해보겠다. 이 책의 주제는 '아침에 일찍 일어나는 것'이지만 이른 아침 일과는 더 거대한 시스템에 속한 일부이며, 당신은 그 거대한 시스템을 기반으로 목표 달성을 향해 달려가는 기계로 변신할 수 있다.

더 이상 알람 버튼을 누르지 말자

많은 사람이 아침마다 알람시계를 거칠게 꺼버리면서 활기차게 벌떡 일어나 하루를 지배하겠다는 결심을 뒤로 미룬다. 그러나 무심코 알람 버튼을 누르는 행동은 반응적인 선택이며, 이것이 반복되면 부작용이 생긴다.

하루를 적극적으로 맞이하는 대신 알람을 끄는 것으로 하루를 시작하면 수동적일 수밖에 없다. 모든 일은 급한 불을 끄듯 처리하게 되고 문제를 즉각 해결하지 못해 미루게 된다. 시간에 쫓기다 보면 발을 동동 구르다 스트레스를 받고 일정이 밀리게 마련이다.

언제 시간이 이렇게 갔지? 왜 명상도, 조깅도 못하고 제일 좋아하는 책도 못 읽었지? 오늘 아침에 무얼 했지?

아침에 알람 버튼을 누르면 결국 이런 일이 벌어지고 나중에는 아침이 오는 것이 끔찍해진다. 아침을 맞이하는 방식에 대대적인 변화가 요구된다.

내 조언은 단순하다.

'알람 버튼을 누르지 말고 벌떡 일어나라!'

더 이상 알람 버튼을 누르지 말자. 더 이상 결심한 시간보다 늦잠을 자지 말자. 더 이상 아침이 선사하는 아름다움과 위대한 목표를 이룰 기회를 놓치지 말자.

이제 시작이다. 내일이면 내게 고맙다고 할 것이다.

1. 자신만의 네드 플랜더스를 찾아 행동을 따라 하면서 내면에 잠든 아침형 인간을 깨운다.

2. 갈 길이 머니 거북이처럼 꾸준히 가자. 지금부터 앞으로 마주할 여정을 준비한다.

3. 카페인을 몹시 사랑하더라도 지금은 잠시 쉬어야 할 때다. 커피를 조금 줄여보자.

4. 야식은 이제 끝이다. 바꿔야 하는 심야 습관을 모두 파악한다.

5. 규칙을 확실히 세워 저녁 시간을 가치 있게 보내자. 아침에 일찍 일어나려면 밤에 일찍 자야 한다.

6. 변화하라. 새로 정한 기상시간으로 알람을 맞춘다. 천천히 적응하며 변화를 즐기든 처음부터 강하게 시작하든 그것은 당신의 선택에 달렸다.

7. 아침 운동은 영향력이 매우 강하다. 좀 더 쉽게 변화하려면 지금 당장 새로운 아침 일과에 운동을 추가하라.

THE **5 AM** MIRACLE

제2부

아침 5시 설계도

THE 5 AM MIRACLE

제4장

기초 세우기

엄청난 모험이 기다린다

나는 어렸을 때부터 탐험가를 꿈꾸었다. 이유는 알 수 없지만 탐험가 하면 정글에서 원주민, 수많은 야생동물과 함께 지내는 모습이 떠올랐고 다른 모습은 상상할 수 없었다! 자라면서 계속 꿈이 바뀐 친구들과 달리 나는 한 번도 이 꿈을 포기한 적이 없다.

존 고다드John Goddard_탐험가, 작가 그리고 꿈을 성취한 사람

자기계발의 세계

존 고다드와 달리 나는 시도 때도 없이 꿈이 바뀐 친구들에 더 가깝다. 하나에 집중하지 못하고 끊임없이 새로운 것을 시도했다. 심지어 《대학 졸업 후 목표를 정해 사는 방법》Graduated and Clueless이라는 꿈에 관한 책을 내기도 했다. 이는 내가 하나를 확고하게 정하기보

다 다양한 시도를 좋아하고 또 내 한계를 빨리 인정했기 때문인 듯하다. 그래도 일단 결정을 내린 뒤에는 경험에서 분명한 지혜를 얻었다.

처음에 흥미가 있었어도 상황이 어렵고 힘들어지면 내 열정은 급격히 식었다. 물론 내 인생도 존 고다드처럼 흥미진진한 모험으로 가득하지만 그것은 확신이라기보다 호기심에 가까운 모험이었다. 늘 내 꿈이 무엇인지 확실히 아는 것은 아니었으나 내 꿈을 알려고 꽤나 노력한 것만은 사실이다.

대학을 졸업하고 두 달이 지난 뒤 내가 태어나고 자란 미주리 주에서 1,600킬로미터 떨어진 매사추세츠 주의 대도시 보스턴으로 갔다. 비록 직업도 돈도 뾰족한 계획도 없었지만 기회가 주어지면 무슨 일이든 열심히 하겠다는 의지는 강했다.

미국 중서부에서 자란 나는 늘 대도시를 동경했다. 그래서 지금은 아내가 된 당시의 여자친구가 보스턴에 있는 대학원에 진학하자 기회가 왔음을 직감하고 보스턴에 정착해 레드삭스를 응원할 기회를 주저 없이 잡았다.

엄청나게 비싼 아파트로 이사한 지 며칠 지나지 않아 나는 방문판매를 시작했다. 차도 돈도 없어서 아무나 시작할 수 있는 일을 찾다 보니 손에 걸려든 게 그 직업이었다. 그러나 간신히 몇몇 고객에게 제품을 팔며 버티다가 두 달 만에 그만두었다.

험난한 인생의 가시밭길에서 나를 구원해준 사람은 바로 내 직장 상사였다. 당시 그는 유명한 강연자로 70권이 넘는 저서를 펴낸 작가 존 맥스웰John Maxwell에게 푹 빠져 있었다. 심지어 내게 존 맥스웰이 쓴《나의 성공 지도》Your Road Map for Success를 건네주며 책을 읽고 깨달은 점을 며칠 내로 보고하라고 지시할 정도였다.

그것은 내 인생에서 커다란 전환점이었다. 사실 나는 그때까지 책을 읽으면 무슨 큰일이라도 나는 것처럼 책을 멀리한 사람이었다. 그런데 그 책은 성공에 대한 내 생각을 완전히 뒤집어놓았다. 나는 태어나서 처음으로 완벽하게 집중해서 책을 읽었다.

자기계발 세계에 발을 들이자 내게 새로운 세상이 열렸다. 맥스웰 덕분에 나의 미래는 내가 정할 수 있고 스스로 길을 개척해 원하는 삶을 살 수 있음을 깨달았다. 좀 과장해서 말하면 그때 내 내면에서 거의 혁명에 가까운 변화가 일어났다.

내 안에 숨은 최고의 모습

자기계발에 눈을 뜬 뒤 주체할 수 없는 의욕이 생긴 나는 목표를 아주 크게 정했다.

'최고 수준으로 성장하기!'

최고로 성장하는 것 외에 내 마음에 와 닿는 다른 시나리오는 없었다. 점점 더 높은 곳을 향해 나아갈 수 있는데 자신의 잠재력을 제대로 활용하지 않을 이유가 어디 있겠는가.

지난 몇 년 동안 나는 더 나은 내 모습을 찾기 위해 수많은 시행착오를 겪었다. 식이요법과 운동방식에 극단적인 변화를 주었고 신념과 생활방식을 바꾸기도 했다. 가령 울트라 마라톤(마라톤의 풀 코스인 42.195킬로미터보다 긴 거리를 달리는 마라톤—편집자주)에 참가했고 주스 단식도 해봤으며 부업부터 고난도 요가 동작을 주제로 한 책까지 수백 권의 책을 읽었다.

그렇게 해서 내가 얻은 깨우침과 성공은 전 세계의 기아 문제를 해결할 수 있을 만큼 대단한 혁신에서 비롯된 것이 아니었다. 엄청난 성취는 가장 기본적인 과정을 통해 얻을 수 있다는 사실은 몇 년 전이나 지금이나 달라지지 않았다.

이 책의 주제인 '일찍 일어나는 것'은 세상을 뒤흔들 대단한 혁명이 아니다. 그렇지만 나는 아침 5시에 이불을 박차고 일어나는 습관으로 내면에 숨어 있는 멋진 내 모습을 일깨우는 돌파구를 찾았고 내 인생을 바꿀 수 있었다.

작은 경첩 덕분에 큰 문이 쉽게 열리고 닫히듯 아침에 일찍 일어나는 아주 작은 습관으로 미래를 판가름할 목표에 눈에 띄는 진척이 이뤄진다. 또한 내면에 잠든 최고의 모습에 어느 때보다 빨리 다가가고 무엇을 상상하든 이뤄지도록 추진력을 얻는다.

생산성을 높이는 7단계

원대한 포부를 성취하기 위해 일찍 일어나기를 시작하고 몇 년이 흘렀을 때 나는 최고의 아이디어, 전략, 과정 들을 단계적으로 세분화해 공식으로 도출했다. 그 공식이 바로 '아침 5시 설계도'다. 아침 5시 설계도는 생산성을 높이고 평생에 걸쳐 목표를 성취하는 과정을 7단계로 구성된다.

이 아침 5시 설계도는 폭풍 속의 작은 고요함이자 생산적인 미래를 여는 토대다. 또한 정신없이 흘러가는 당신의 하루를 새롭게 바꿔놓을 해답이다. 그러면 설계도가 현실에서 어떻게 작용하는지 정확히 이해할 수 있도록 7단계를 상세히 소개하겠다.

아침 5시 설계도

1. 원대한 인생 목표 설정하기

다소 거창해보일 수 있지만 아침 5시 설계도를 피라미드 모양으로 나타내면 이해하기가 쉽다. 1단계는 기본적인 과정으로 원대한 인생 목표를 찾는 과정이다. 인생 목표를 찾는 방법은 뒤에서 단계별로 설명하겠다.

2. 분기별 계획표 짜기

2단계는 분기별 계획표를 짜는 단계로 당신의 목표에 대한 분기별 점검사항을 정리한다(90쪽 참조). 분기별 계획표는 당신이 상상만 하던 꿈을 구체적으로 실행에 옮기도록 도와준다.

3. 고정 습관과 부수적인 습관 파악하기

3단계는 중요한 고정 습관을 파악하는 단계로 고정 습관을 잘 형성하면 생산적인 부수 습관이 자연스럽게 따라온다. 이런 습관은 하루를 형성하는 기반으로 생산성과 활기를 높이고 두뇌 회전이 빨라지게 하는 것 외에도 다양한 혜택을 안겨준다.

4. 이상적인 일과 짜기

4단계는 이상적인 일주일 일과와 아침·저녁 일과를 계획하는 단계다. 이 단계가 바로 아침 5시 기적의 출발점이며 하루의 소중한 시간을 구체적이고 계획적으로 최적화하는 구간이다.

5. 가장 효율적인 생산성 전략 실행하기

5단계는 하루 일과를 다양한 형태로 통합하는 단계로 원대한 인생 목표와 일과를 전략적으로 연결한다.

6. 효율적인 장치를 사용해 진행 상황 검토하기

목표 달성 과정 전반에 걸쳐서 아이디어, 업무, 프로젝트를 꼼꼼하게 평가·점검·관리하는 단계다.

7. 향상된 전략을 실행해서 아침 5시 전문가로 거듭나기

7단계는 최종 단계로 향상된 전략을 써서 전체적인 시스템을 극대화하는 단계다. 이전 단계를 확실히 습득하면 아침 5시 전문가 수준으로 성공하도록 만드는 전략을 통합할 수 있다.

당신에게 아침 5시 설계도가 적합한가?

아침 5시 설계도는 단순히 전략을 보기 좋게 나열한 피라미드 그 이상이다. 설계도의 핵심은 세상에 관한 관점이며 설계도는 우리의 사소한 행동 및 선택이 엄청난 결과로 부풀려지는 과정을 보여주는 렌즈나 마찬가지다. 대표적으로 내가 진행하는 팟캐스트를 듣는 청취자, 블로그 방문객, 상담 고객은 나처럼 세상을 기회가 무궁무진한 곳으로 바라본다.

아침 5시 설계도는 눈앞에 놓인 무궁무진한 기회를 간절히 붙잡고 싶어 하는 사람들에게 도움을 주는 하나의 시스템이다. 다시 말해 간절히 성공하고 싶거나 목표를 이루고자 하는 사람, 도움이 필요하거나 도무지 정리되지 않는 일상에서 벗어나고자 하는 사람이 언제 어디서든 기회를 잡도록 도움을 주는 프레임을 제공한다.

A 지점과 B 지점의 차이

아침 5시 설계도의 개념을 보다 쉽게 이해하도록 아주 바쁘게 사는 베티를 예로 들어 생각해보자. 현재 바쁜 베티는 'A 지점'에 있다. 베티는 정규직 근로자이자 엄마로 인생 목표도 있고 건강관리 계획도 세웠으며 사업을 하겠다는 큰 포부도 있지만 정작 현실은 엉망이다. 우왕좌왕하느라 늘 일은 밀려 있고 비효율적인 방식으로 움직이거나 아예 체계가 없어 자주 실수를 저지른다.

베티는 더 즐겁게 살고 싶지만 책임감, 자기희생, 스스로 세운 계획에서 헤어나지 못해 허덕이는 느낌이 든다. 항상 할 일은 많고 시간은 언제나 부족하다. 일을 끝내기는커녕 시작이라도 할 수 있을지 막막한 상황에서 답장을 기다리는 이메일은 계속 늘어나고 해결해야 할 행사도, 프로젝트도 쌓여간다. 요컨대 바쁜 베티에게는 기적이 절실히 필요하다.

이제 몇 달 동안 아침 5시 설계도의 지시대로 시스템을 실천 중인 베티를 'B 지점'에서 만나보자. 여기서 바쁜 베티는 매일 목표를 체계적이고 효율적으로 명확히 파악하고 있다. 계획을 꼼꼼히 기록하는 것은 물론 단기적인 일정과 장기적인 큰 목표를 서로 연결했다.

그뿐 아니라 베티는 자신의 생활방식을 효율적으로 적용한 시스템과 확실한 의무사항을 점검한다. 생산성 향상을 위해 날마다 효과적인 생산성 전략을 활용하고 활기차게 생활하고자 건강에 좋은 습관도 들였다. 이는 모두 매일 아침 계획에 따라 일어나 하루를 최대한 활용한 덕분이다.

아직 B 지점의 생활이 완벽한 것은 아니지만 A 지점의 생활과 비교해보면 확연히 차이가 있다. 이제 베티는 하루를 지배하고 있으며 주도권을 되찾았다.

당신은 바쁜 베티처럼 혼란스럽게 살지는 않겠지만 앞서 말한 전략을 직접 적용하면 베티보다 훨씬 더 빨리 현실적인 결과를 얻을 수 있다. 그런 의미에서 아침 5시 설계도의 1단계로 달려가 기분 좋게 즐겨보자!

1단계: 원대한 인생 목표 설정하기

어느 방향으로 가야 할지 구체적으로 정하고 나면 엄청난 모험이 시작된다. 어쩌면 당신은 서로 상관도 없는 목표를 이리저리 바꾸며 갈피를 잡지 못했을지도 모른다. 눈에 보이는 돌파구도, 제대로 된 내용도, 확실한 목표도 없으니 말이다.

최고의 이야기나 성공한 인생에는 확실한 결말이 있다. 하지만 우리의 임무는 그저 훨씬 큰 그림의 일부분일 뿐이다. 엄청난 모험이 가득한 여정에서 목표가 하나로 끝날 리는 없다.

'원대한 인생 목표'라는 말에는 영혼에 감동을 주는 목표라는 의미가 담겨 있다. 이는 구체적인 계획으로 머지않아 현실에서 이룰

수 있는 분명하고 포부가 큰 꿈이다. 원대한 인생 목표는 버킷리스트와는 다르다. 버킷리스트는 주로 '그랬으면 좋았을 텐데'라거나 '왜 진작 그걸 하지 못했지' 같은 후회로 남기 십상이므로 지금 하고자 하는 과정에 사용할 문구로 적합하지 않다.

개인별 맞춤 계획

'원대한 인생 목표' 목록을 작성하기에 앞서 당신이 전력을 다했을 때 인생이 어떻게 달라질지 미리 머릿속으로 명확히 그려보면 큰 도움이 된다.

우선 개인별 맞춤 계획Personal Optimization Plan, POP을 작성하거나 인생이 기름칠을 한 자동차처럼 매끄럽게 흘러가는 시나리오 및 상황을 떠올리며 시작하자.

- 당신이 생각하는 자신의 최고 버전은 어떤 모습인가?
- 현재 하는 일은 무엇인가?
- 누구와 함께 살고 있는가?
- 열정적으로 열심히 하는 일은 무엇인가?
- 모든 일이 뜻대로 풀린다면 당신은 무엇을 하고 있을까?

인생이 아름답게 흘러갈 때 어떤 모습일지 대충 그려보면 인생에서 추구하고 싶은 모습을 쉽게 상상할 수 있다. 구체적으로 소득, 사는 곳, 친구들, 성취감, 열정을 떠올려야 한다.

원대한 인생 목표 목록 작성하기

이제 목록을 작성해보자. 화이트보드를 사용해도 좋고 노트에 기록하거나 컴퓨터에 작성해도 괜찮다. 처음 작성할 때 목록은 엄청나게 길어야 한다. 망설이거나 스스로 제약을 두지 마라. 목록은 나중에 언제든 삭제가 가능하다. 생각하는 모든 것이 이뤄진다고 믿자. 미리 머릿속에서 거른다면 제약을 두는 것이나 다름없다. 이는 결국 꿈꾸는 권리를 포기하는 결말로 이어진다.

제발 그러지 마라. 무엇이든 꿈꾸는 아이처럼 거침없이 생각하며 달까지 날아오르자. 어린 시절에 되고 싶던 소방관, 공주님, 우주비행사가 되어보자.

다음은 목표 목록을 작성하고 개인적, 직업적으로 원대한 인생 목표를 명확히 파악하도록 도와주는 몇 가지 질문이다.

① 늘 하고 싶었지만 시간이 없어서 못한 일은 무엇인가?
② 마무리한 뒤 크게 보람을 느꼈던 일은 무엇인가?
③ 당신이 존경하는 성공한 인물들이 이룬 업적 중 본보기로 삼고 싶은 일이 있는가?

④ 당신이 세운 개인별 맞춤 계획은 무엇인가?

⑤ 개인별 맞춤 계획을 고려할 때 걱정하는 부분과 흥분되는 부분은 무엇인가?

⑥ 예전에 시도한 적은 있으나 마무리하지 못한 일은 무엇인가?

⑦ 시간, 돈, 체력에 구애받지 않는다면 지금 당장 무엇을 하고 싶은가?

⑧ 램프의 요정이 나타나 무엇이든 소원을 하나 이뤄준다고 하면 무슨 소원을 빌겠는가?

⑨ 실력을 한 단계 높였을 때 못 견디게 좋아서 마냥 기쁘기만 했던 일은 무엇인가?

⑩ 지금 머릿속에 떠오른 생각 중 목록에 넣고 싶은 한 가지가 있다면?

솔직한 조언

믿음을 잃지 말자

아이들에게 꿈을 크게 꾸라고 가르친 뒤 뒤돌아서서 철이 들지 않은 어른들을 비난하는 일은 아주 흔하다. 우주비행사가 되고 싶은 여섯 살짜리 아이나 세계 기아 문제를 해결하고자 하는 10대 청소년만 꿈을 꿀 수 있는 것은 아니다.

원대한 인생 목표는 우리 모두를 위한 것이다. 우리가 꿈을 이룰 수 있다는 믿음을 스스로 버리면 다른 사람이 꿈을 이룰 수 있다는 것도 신뢰하지 않는다.

놀라운 사실은 대부분의 목표들은 비슷한 만큼의 노력을 요구한다는 것이다. 그런데 왜 우리는 꿈을 이루려 하는 욕구를 단지 망상에 불과하다고 단정하는 걸까? 왜 하늘에서 빛나는 별을 따는 일은 다른 사람만 할 수 있다고 생각할까?

원대한 인생 목표를 세우는 과정에서 자신의 능력에 대한 믿음을 버리지 말자. 거침없이 행동하고 지금 떠올린 원대한 인생 목표 하나하나가 아주 소박하다고 간주하라. 어쩌면 이미 그렇게 느끼고 있을지도 모른다. 당신은 지금보다 더 많은 일을 할 수 있고 더 잘할 수 있다.

당신이 세운 원대한 인생 목표가 콜로라도 주의 레드빌에서 열리는 160킬로미터 산악 울트라 마라톤을 완주하는 것이라고 치자. 이곳은 세계에서 가장 험한 코스로 알려져 있고 내가 생각하기에도 몹시 어려운 도전이다. 레드빌 마라톤을 주관하는 켄 클로버Ken Chlouber는 이렇게 말했다.

"당신은 당신이 생각하는 것보다 더 잘할 수 있고 더 많이 할 수 있다."

이런 정신은 원대한 인생 목표의 기본이며 특히 목표 설정 과정에 중요하다. 단지 불가능하다는 생각에 시작조차 하지 못했다고 해서 큰 꿈을 품는 것까지 포기하진 말자.

핵심요약 아침 5시 설계도와 원대한 인생 목표

1. 최종 목표는 내면에 숨은 자신의 최고 버전을 발견하는 것인데, 아침에 일찍 일어나면 더 빠르고 효율적으로 최종 목표를 발견할 수 있다.

2. 아침 5시 설계도는 생산성을 눈에 띄게 높이고 인생 목표를 이루도록 돕는 단계적 시스템이다.

3. 당신이 성공 및 성취감을 갈망하고 도움을 기다렸다면 아침 5시 설계도가 그 해결책이다.

4. 원대한 인생 목표는 하늘 높이 날아오르겠다는 꿈을 꾸던 아이로 다시 돌아가 떠올리면 쉽게 찾을 수 있다.

제5장

새해 다짐은 잊어라

지금이라도 인생 목표를 이루는 방법

> 사람들은 대부분 1년을 충분한 시간이라고 믿는 실수를 저지
> 르고 또 그렇게 행동한다. 다시 말해 절박함이 부족하다. 매주,
> 매일, 매순간이 소중하다는 것을 자각하지 못한다. 미루지 말
> 고 언제나 최선을 다해 할 일을 효율적으로 해내야 한다!
> 브라이언 모런Brian Moran _《12주 실천 프로그램》The 12 Week Year 저자

1995년 영국의 정치평론가이자 경영연구가, 역사학자인 시릴 노
스콧 파킨슨Cyril Northcote Parkinson은 이렇게 말했다.

"어떤 업무를 끝마치는 데 필요한 시간을 채우기 위해 업무량이
계속 늘어난다."

파킨슨의 법칙Parkinson's Law으로 널리 알려진 이 기본 원칙은 당신
이 시간 내에 업무를 완수하는 방식에 큰 영향을 미친다. 생산성 측

면에서 이것은 아주 짧은 시간 내에 업무를 완수한다거나 주어진 시간이 남아돌아 오히려 비효율적으로 느슨해진다는 의미일 수 있다.

우리가 업무에 필요한 시간을 딱 맞춰 일정을 짜는 날은 드물다. 사람들은 대부분 업무에 걸리는 시간을 어리석을 정도로 예측하지 못하며 필요한 것보다 시간을 더 준다고 하면 기꺼이 받아들인다.

왜 그럴까? 그것이 바로 인간의 본능이기 때문이다. 사람은 게으른 탓에 쉽게 해결하고 싶어 하고 내일은 오늘보다 더 생산적일 거라는 희망을 품는다.

시간이 충분하다고 생각하면 업무를 제멋대로 미뤄두기 십상이다. 문제는 오늘이 바로 어제 생각한 그 내일이라는 사실이다. 우리는 어제 꿈꾼 환상에서 오늘을 살고 있다. 어제 더 여유 있을 것이라고 생각한 '오늘'의 시간이 실제로 그런가? 아마 아닐 것이다. 반대로 내일 당신에게 주어질 시간보다 오늘 시간이 더 넉넉하다고 생각할 수도 있다. 이것은 당신 내면에 숨은 게으름뱅이의 본능이다.

현실에서 시간은 유한하다. 시간은 거침없이 흐르고 목표를 향해 질주할 수 있는 시간은 오직 지금 이 순간뿐이다. 먼 미래를 계획하며 중요한 일을 끝낼 시간이 충분하다고 믿지 말고 당장 생각을 바꿔 오늘부터 시작하자.

장기적인 전략이 실패하는 이유

목표를 세우는 가장 흔한 방법은 1년에 한번 자리에 앉아 새해 다짐을 적는 것이다. 하지만 1월 1일에 시작한 그 계획이 12월 31일까지 이어지는 경우는 많지 않다. 1년 내내 어떻게 동기부여를 할 수 있을까? 오늘, 내일, 다음 주, 심지어 다음 달까지 미뤄도 과연 성공할 수 있을까?

절박함이 부족한 건 둘째치고 1년이 어떻게 흘러갈지 짐작할 수조차 없다. 갑자기 무슨 일이 생기거나 도중에 마음이 바뀔지, 새로운 기회가 생겨 관심·체력·시간·돈을 온통 거기에 쏟아 부을지 전혀 예측할 수 없다.

애플의 최고경영자 팀 쿡은 대학원 시절 '25년 플랜'을 세웠다. 이것을 아는 한 기자가 쿡이 MBA를 졸업한 지 25년이 지난 시점에 쿡에게 물었다.

"25년 플랜은 성공했나요?"

쿡이 대답했다.

"25년 플랜은 처음 24개월까지는 상당히 정확했습니다. 하지만 24개월 이후부터는 전혀 맞지 않았어요. 단 한 가지도 들어맞은 게 없습니다. 그때 나는 미래는 전혀 예측할 수 없다는 교훈을 배웠죠."

쿡은 세계적으로 영향력이 있는 인물이지만 그런 사람조차 자신이 오늘날 어떤 모습으로 서 있을지 예측하지 못했다. 그렇다면 쿡의 사례는 장기 전략을 충분히 설명하고 있는가? 전혀 그렇지 않다.

지금까지 내가 읽은 책 중 생산성 분야에서의 최고를 꼽는다면 데이비드 알렌David Allen이 쓴《끝도 없는 일 깔끔하게 해치우기》Getting Things Done다. 나는 생산성을 최고로 끌어올리는 방법에 대한 알렌의 철학에서 훌륭한 가르침을 배웠다.

현실적인 측면에서 나는 하향식 접근방식보다 상향식 접근방식을 추천한다. 비록 나는 상담고객에게 지속적인 가치 측면에서 두 가지 방식을 모두 권하지만 솔직히 말하면 현실적인 상황에 따라 세부사항을 통제하고 그에 맞춰 판단해야 놓치는 일이 없다.

장기적으로 향후 25년의 문제를 해결하고 싶으면 당장 25분 동안 일어날 문제부터 처리해야 한다.《끝도 없는 일 깔끔하게 해치우기》에서 알렌은 하루 업무의 주도권을 쥐도록 도와주자 고객들은 자신감이 놀라울 정도로 높아졌고 긍정적으로 변했으며 장기 전략도 희망적으로 생각했다고 설명한다.

알렌이 제시한 방법론을 향후 20년을 계획하는 방식에 적용하고 싶다면 먼저 지금부터 몇 시간 뒤, 며칠, 몇 주까지 계획을 짜보자.

단기 일정을 짜는 일에 어느 정도 익숙해지면 큰 그림을 구상하기가 훨씬 수월해진다.

물론 팀 쿡이 말한 것처럼 분명 수확체감 지점이 있다. 요컨대 30일 계획은 효율적일지 몰라도 30년 계획은 상당히 어렵고 그저 시간낭비에 불과할 수도 있다. 사람들은 먼 미래를 불안해하면서도 현재 처한 상황을 바꾸기 위해 지금 해야 하는 노력을 거의 하지 않는다.

자기 자신에게 물어보자.

"지금 가던 길을 계속 간다면 5년, 10년, 20년 후 나는 어떤 결론을 얻을 것인가? 이 길이 내가 진정 가려는 길인가?"

이렇게 명확히 정리하면 일상적으로 개별 업무를 처리하는 방법에 커다란 변화가 일어난다.

지금 가장 중요한 것

새해 다짐이나 25년 계획이 실패하는 원인은 통제할 수 없는 미래를 너무 앞당겨 생각하면서 자신의 모습에 걸맞지 않은 기대치를 만드는 데 있다. 터무니없이 먼 미래에 달성하기 어려운 목표를 이루겠다는 꿈을 꾸며 미리 계획을 세워 질려버리거나, 아니면 목표가 너무 평범하고 지루한 나머지 열정적으로 달려들고 싶은 마음이 생기지 않아 자신의 잠재력을 제대로 이끌어내거나 파악하지 못하는 것이다.

너무 앞서서 인생을 계획하면 눈앞에 놓인 진짜 기회를 무시하고 문제나 방해가 전혀 없는 완벽한 미래를 꿈꾼다. 이는 깊고 어두운 구덩이에 실낱같은 빛이 한 줄기 스미는 것과 같다. 눈앞은 못 보고 닿을 수 없는 것만 막연히 궁금해 하는 식이다.

먼 미래를 계획하려 할수록 당신은 어쩔 수 없이 벌어지는 틈을 메우려고 임기응변으로 대응할 가능성이 크다. 무엇보다 제대로 된 발전 없이 늘 바쁜 이유는 미래 계획에 맞지 않는 업무를 현재 너무 많이 하기 때문이다.

미리 몇 년에 걸친 계획을 완벽하게 세워 원대한 인생 목표를 이루려 하지 마라. 인생 목표는 그런 시도로 단순하게 해결할 수 없다. 제4장에서 당신이 작성한 아침 5시 설계도의 1단계 '원대한 인생 목표'로 돌아가 보자.

목록의 목표는 발전 가능성이 잠들어 있는 기획 단계에 불과하다. 아직은 아이디어이자 상상이며 미래에 성공할 가능성이다. 이제 가장 중요한 것과 나중으로 미룰 것을 명확히 구분하는 효율적인 목표 성취 방식을 활용해 머릿속의 생각을 현실로 옮길 차례다.

아침 5시 설계도는 장기 전략 계획에서 문제가 된 비효율성을 제거해 당장이라도 중요한 목표를 이루게 해주는 시스템이다. 이제 다음 단계로 분기별 계획표를 소개하겠다.

2단계: 분기별 계획표

지금 중요한 목표가 단지 하나뿐이라면 어떻게 하겠는가? 인생이 어떻게 달라질까? 집중력이 더 높아져 스트레스가 줄어들까?

만약 목표가 열 개, 아니 백 개라면 어떨까? 오늘은 업무량이 할 만한 정도인가? 심지어 1년 내내 가능할 정도인가?

나는 거듭되는 시행착오 끝에 '단순함이 이긴다'라는 사실을 깨달았다. 제대로 진척이 이뤄지지 않는 상황에서 계속 목표를 추가하면 오히려 기분만 더 나빠질 뿐이다.

사람은 필요 이상의 것을 하면서 살지 않는다. 우리에게 필요한 것은 궁극적인 목표에 대한 집중, 뚜렷한 발전을 위한 과감한 감축이다. 원대한 인생 목표 목록을 최대한 단순하게 줄이고 시간을 짧게 설정하면 혼란스러운 상황을 탈출할 수 있다. 이는 연초에 계획을 세우거나 수년에서 수십 년에 이르는 장기계획을 짜는 것보다 훨씬 더 건전하고 생산적인 대안이다.

아침 5시 설계도의 2단계는 분기별 계획표로 연간 목표를 세우는 대신 분기별 목표를 짜보는 단계이다.

7.
아침 5시
전문가

6. 진행 상황 검토

5. 생산성 전략

4. 이상적인 일과

3. 고정 습관

2. 분기별 계획표

1. 원대한 인생 목표

이제 이런 궁금증이 들지도 모른다.

"제프, 나는 이미 연간 목표와 분기별 목표를 다 세웠어요. 내가 한 것과 어떻게 다른 건가요?"

첫째, 연간 계획을 확실하게 목록으로 작성한 다음 분기별로 점검사항까지 분류했다면 그대로 계획에 따라 진행하는 것이 바람직하다.

둘째, 분기별 계획표란 브라이언 모런이 《12주 실천 프로그램》에 소개한 방법처럼 12주를 1년으로 생각하고 계획하라는 의미다. 모런은 1년에 12주 다시 말해 3개월, 90일, 1분기만 있다고 생각하라고 설명한다. 나는 이 체계를 분기별 계획표에 차용하려 하지만 기간은 자신이 집중하기에 적합한 정도로 설정하는 것이 좋다. 결국 달성하고자 하는 목표는 같다.

지금부터 1분기를 1년으로 간주하자. 부득이한 사정이 없다면 12주 이후 절대 계획을 잡지 말고 평소 12월이 되면 바쁘게 일했듯 이번 분기에 열심히 하자.

일반적으로 사람들은 1월에 새해 다짐을 하고 10개월 내내 계속 실행을 미루다가 11월이나 12월이 되면 미친 듯이 목표를 끝내려 한다. 12개월이 아니라 단지 12주 동안만 지속하는 연간 목표를 세우면 연말에 느끼는 부담감을 지금 당장 느낄 수 있다. 시간은 지금도 흘러가고 있으므로 우선순위를 정하고 유례없는 집중력을 발휘해 당장 작업을 시작해보자.

전형적인 분기별 기간

- 1월 1일 ~ 3월 31일
- 4월 1일 ~ 6월 30일
- 7월 1일 ~ 9월 30일
- 10월 1일 ~ 12월 31일

사실 나는 당신 나름대로 기간을 꾸려보라고 권하고 싶다. 60일도 좋고 120일도 좋다. 아니면 내일이 없는 것처럼 하루하루를 충실하게 살려고 애쓰는 방법도 괜찮다. 분기별 계획표에는 분명 마법 같은 힘이 있다.

기업은 분기별로 운영하므로 동종업계의 분기 마감기간과 연결하면 쉽게 설정할 수 있다. 3개월이면 창업이나 책 집필, 마라톤 연습처럼 어려운 계획에 도전하기에 충분한 시간이다. 90일은 많은 일이 일어날 수 있는 동시에 너무 낭비하지 않도록 주의를 기울여 관리해야 하는 짧은 기간이기도 하다.

내가 작성한 분기별 계획표

개인적으로 내가 작성한 분기별 목표는 혁명이라고밖에 달리 표현할 길이 없다. 여기서 얻은 혜택을 과장 없이 말하자면 기존에도 생산적이던 생활이 분기별 계획표 덕분에 단순해졌고 모든 것이 예전과 달라졌다.

나는 며칠을 고민한 끝에 개인적인 목표 목록에서 열 개 이상의 프로젝트를 추려낸 다음 다시 네 개만 간추려 여기에 집중했다. 그리고 몇 주 안에 두 개를 끝낸 뒤 시간이 허락하는 범위 내에서 여유 있게 몇 개를 더 추가했다.

가장 먼저 얻은 혜택은 내 사고방식과 스트레스 지수였다. 내가 예전보다 더 확실하게 상황을 통제한다는 생각이 들면서 미래에 대한 불안감이 줄어들었다. 그리고 일정관리 도구에서 업무, 프로젝트, 목표를 줄이자 업무에 제대로 집중할 여유가 더 많이 생겼다.

분기별 계획표는 단순한 기술이 아니라 삶을 바꾸는 예술에 가까웠고 나는 확실히 스스로 내려놓는 법을 깨우치는 데 익숙해졌다. 상황이 전혀 달라지지 않아도 방식을 조금만 바꾸면 목표에 애착을 갖는 것은 정말 쉽다.

단지 공식적인 이름만 없었을 뿐 나는 《12주 실천 프로그램》을 읽기 전부터 이미 비슷한 방식을 활용하고 있었다. 사실을 말하자면 팟캐스트를 시작하면서 6개월 정도 개인 목표 달성 프로그램으로 분기별 계획표를 실행했다. 그러나 너무 시간을 끌었다.

당시 내가 전념하던 프로젝트의 양이 어마어마했다. 그해에 팟캐스트와 상담 사업을 시작했고 식단 및 운동 방식을 개선했으며 부동산업에도 손을 댔다가 그만두었다. 그리고 홈페이지를 제프샌더스닷컴jeffsanders.com으로 개편했다. 당신이 나처럼 홈페이지를 만들어본 경험이 없다면 초반에는 정신을 차리지 못할 수도 있다.

우선 분기별 계획표를 실행하는 과정에서 나는 꼭 필요한 것만 남기고 프로젝트를 간단하게 만들었다. 즉, 목록에서 거품을 빼고 장기적인 목표는 나중으로 미뤘다. 그렇게 현재 상황에 전념하면서 내가 어질러놓은 문제가 차츰 정리되었다.

훌륭한 생산성 시스템의 비결은 간소함에 있다. 따라서 나는 분기별 계획표를 간단하게 작성하도록 설계했다. 이제 나는 서둘러

할 필요가 없는 중요치 않은 일은 나중으로 미루고 짧게 작성한 목록의 맨 위에 있는 계획부터 실행한다.

분기별 계획표를 알기 전 나는 단순히 새로운 프로젝트를 계속 추가하면 생산적일 것이라고 생각했다. 생산성을 위주로 목표를 세우는 것 자체가 유별나다는 사실을 인정한다. 여기서 유일하게 얻을 수 있는 가치는 높은 생산성을 경험하면 그 기분을 다시 경험하고 싶다는 것이다. 그러나 이를 위해 미래에 영향을 미칠 중요한 업무 대신 끝내기 쉬운 일이 '할 일 목록'에 자리를 차지하는 역효과가 날 수도 있다.

분기별 계획표는 시간을 우선시하고 일을 끝냈다는 자체만으로 성취감을 느끼는 일을 목록에서 제거하도록 돕는다. 그렇다고 생산성 자체가 나쁘다는 얘기는 아니다. 나는 당신이 확실한 이유로 생산성을 체감했으면 한다. 나중에 자기 자신에게 목표 달성 과정이 감정에 근거한 것이 아니라 효율성을 따랐는지 물어야 한다.

- 중요한 목표를 달성하도록 확실하고 눈에 띄게 발전했는가?
- 걸림돌을 극복하고 순조롭게 진행했는가?
- 오늘 하루를 보람 있게 보냈는가?
- 내일은 더욱더 효율적인 하루를 보낼 수 있을까?

길게 적어 내린 할 일 목록 옆에는 겉으로 보이는 생산성을 표시한다. 이때 질 대신 양에 초점을 맞추면 깨끗한 집 증후군_{Clean}

House Syndrome, CHS(집을 청소하면서 불안과 스트레스를 푸는 일종의 강박증―역자주)이 발생한다. 예컨대 나는 중요한 일을 앞두고 있으면 현실에서 도피하고자 집을 청소한다. 내 안의 A형 혈액형 자아가 지저분한 공간을 참지 못해서 그럴 수도 있고, 아니면 또 다른 자아인 게으른 제프가 꼭 해야 한다는 걸 알면서도 하기 싫어서 그럴 수도 있다. 실제 하루를 생산적으로 보내 기분이 좋은 날에는 집이 눈에 거슬릴 정도로 지저분하고, 게으름을 피운 날엔 먼지 하나 없이 깨끗하니 참으로 모순이다.

분기별 계획표를 최대한 활용하려면 중요치 않은 일은 모른 척하고 당장 중요한 일에 집중하는 기술이 필요하다.

자신만의 분기별 목표 설정 방법

분기별 계획표는 간단하게 시작해 몇 년이 지나도 꾸준히 지속할 수 있다. 지금부터 분기별 계획표를 효과적으로 짜서 목표를 달성하도록 돕는 7단계를 소개하겠다.

1. 자기 자신에게 적합한 분기별 일정을 정한다

원하는 날짜는 마음껏 선택할 수 있지만 가장 보편적으로 쓰는 1월, 4월, 7월, 10월을 사용하는 편이 수월하다. 이 책을 읽는 시기에 따라 당장 시작하거나 아니면 다음 분기부터 시작한다.

2. 캘린더를 비운다

현재 캘린더에 저장한 내용을 모조리 지우고 원대한 인생 목표를 담을 공간을 마련하자. 이는 작업 중인 프로젝트를 계속 진행해 이번 분기에 확실히 마무리해야 한다는 의미다. 가령 이번 분기가 6주 남았고 현재 하프 마라톤 연습 중인데 결혼식이 얼마 남지 않았다면 두 과제를 확실히 마무리하고 다음 분기부터 깨끗한 캘린더로 새롭게 시작한다.

지금은 계획을 취소하고 불필요한 작업을 정리하며 새로 초대받은 일정을 거절하기에 딱 좋은 시기다. 마음을 비우거나 거절하는 일은 어렵지만 이는 달력에 인생 목표를 채울 공간을 만드는 유일한 방법이다.

3. 원대한 인생 목표는 두세 가지만 선택한다

앞 장에서 작성한 원대한 인생 목표 중 두세 개만 선택하고 가능한 한 지금은 딱 하나에 초점을 맞추자. 내가 처음 분기별 계획표를 시도했을 때 가장 어려웠던 것이 이 부분이었다. 지금 집중해야 할 목표를 하나만 고르기가 매우 어려웠다. 다 지금 당장 실천해야 내 인생이 조금이라도 나아질 것 같았다. 하지만 이 단계의 성패는 수십 개 혹은 수백 개 목록에서 단 하나만 고르는 일이 좌우한다.

머릿속과 캘린더를 비우면 그 시점부터 마법처럼 창의성을 발휘하기 시작한다. 한꺼번에 너무 많은 목표를 이루려 할수록 무리가 따르면서 별다른 진척을 이루지 못한다.

때론 프로젝트를 마무리하기까지 한 분기보다 더 오랜 시간이 걸릴 수도 있다. 예를 들어 마라톤 훈련에는 보통 6~12개월이 필요하다. 이 경우 통상적인 연간 목표를 정하고 목표별 이정표를 세워 분기 말에 도달할 수 있는 이정표를 선택해야 한다.

4. 미래에 이룰 목표를 역순으로 계획해 다음 행동 전략을 정한다

분기별 목표를 결정했으니 이제 거꾸로 분기 마지막 날부터 현재까지 계획을 짤 시간이다. 가능한 한 조금 여유를 두고 끝나는 시점에서 시작지점까지 역순으로 마무리해야 할 모든 목표를 간단히 목록으로 작성한다.

이 단계는 가급적 자세히 적어야 한다. 목표를 상세히 적는 것은 물론 단계별로 최대한 집중할 방법을 떠올려야 다음 단계를 진행하기 전에 의혹이 생기지 않는다.

5. 목표 노트를 만든다

현재 사용하는 도구가 무엇이든 당장 분기별 계획표를 작성하는 데 활용할 수 있다. 여기서는 내게 익숙한 도구를 참고로 하지만 효과적이기만 하다면 어떤 도구를 써도 무방하다. 나는 몇 년 전부터 평범한 노트처럼 사용하는 디지털 애플리케이션, 에버노트를 쓰고 있다.

에버노트에서 사용자는 '노트'note를 작성할 수 있고, 그 노트를 모아 '노트북'notebook으로 정리하는 것이 가능한데 노트북이 모이면 '스택'stacks이 된다. 에버노트 외에 구글 드라이브, 마이크로소프트 원노트, 실물 종이 노트 등 어떤 도구를 써도 무방하다. 무엇을 선택하든 분기별 계획표를 작성하고 실행에 옮겨 효율적으로 관리할 수 있다.

먼저 애플리케이션에서 노트를 생성하거나 종이 노트를 펼쳐라. 그리고 일정 분기를 예로 들어 '2017년 1분기 목표'라는 식으로 제목을 적자. 그다음은 계획한 목표마다 내용을 기록할 수 있도록 노트를 생성하거나 한 쪽을 할애한다. 노트의 처음에는 바로 전 단계에서 작성한 '다음 할 일' 목록을 적는다. 그 아래에 매주 얼마나 발전했는지 기록할 수 있도록 '진행 사항' 칸을 만든다.

목표 노트의 예시

〈마라톤에 참가하기〉

다음 할 일

1. ☑ 태회 참가 신청서 작성

2. ☑ 마라톤 연습 계획 세우거

3. ☐ 개인 트레이너 만나 계획 검토받기

4. ☐ 운동화 새로 사기

5. ☐ 매주 연습하기

6. ☐ 대회 당일에 필요한 물건 준비하기

7. ☐ _____에 대회 참가하기

진행 상황

주	날짜	측정, 중요사항이나 메모
1	2017년 4월 1일	참가 신청서 작성
2	2017년 4월 8일	훈련 계획 세우기
3	2017년 4월 15일	
4	2017년 4월 22일	

6. 다음 할 일을 캘린더 또는 일정관리 도구에 입력한다

나는 모든 업무, 프로젝트, 행사, 약속을 디지털 일정관리 애플리

케이션 노즈비로 관리한다. 이것은 나중에 제8장에서 상세히 다룰 것이다. 지금은 다음 할 일을 정한 뒤 일정을 캘린더나 일정관리 도구 아니면 양쪽 모두에 입력한다는 정도만 알아두자.

여기서 핵심은 목표에 따라 다음 할 일을 목록으로 작성해 일정으로 입력하는 것이다. 일단 캘린더에 일정을 입력한 뒤에는 절대 깰 수 없는 굳건한 약속처럼 처리해야 한다.

캘린더를 비우고 다음 할 일에 각각 시간을 적절히 배분해서 일정을 짜면 성공 확률이 급격히 증가한다. 바로 이때가 달라지는 모습이 보이기 시작하는 단계다. 그리고 진도를 나가면 일에 점점 흥미가 생기기 시작한다!

7. 매주, 매분기마다 진행 상황을 확인한다

작업 중인 모든 업무, 프로젝트, 목표 진행 상황을 파악하는 방법은 제9장에서 더 자세히 설명할 것이다. 여기서는 매주 확인해야 할 사항만 간단히 짚고 넘어가겠다.

매주 주말과 매분기 말에는 계획한 목표의 진행 상황을 검토해 노트에 새로 기록하는 것이 좋다. 이어 지금까지의 진행 상황을 파악하고 분기의 남은 기간을 계산한 뒤 각 목표에 따라 다음 주에 해야 할 일을 결정한다. 목표를 함께 고민할 수 있는 책임파트너, 코치, 친구가 있으면 진행 상황을 같이 검토하는 것이 좋다.

제10장에서 다시 설명하겠지만 나는 다음 할 일이 눈에 잘 띄도록 서재에 있는 비전 보드에 매주 목표를 적어둔다. 손으로 직접 작성한 목록은 매주 할 일을 떠올리게 하는 한편 디지털 도구가 가지는 한계를 확실히 보완해준다.

정리와 반복

매분기 마지막에는 분기 동안 진행한 사항을 종합적으로 검토한다. 이때 순조롭게 진행한 목표와 계획대로 추진하지 못한 목표를 기록한 뒤 다음 분기를 새롭게 시작할 준비를 한다.

이상적인 상태는 이번 분기에 끝내기로 계획한 몇 가지 목표를 정리하고, 다음 분기부터 현시점에 가장 시급히 처리해야 할 새로운 목표에 착수하는 것이다. 이 과정을 90일마다 자동적으로 되풀이하면 놀라운 결과를 얻는다.

나도 시도해보기 전까지는 이 방식이 얼마나 효과적인지 짐작하기 어려웠다. 캘린더를 정리하는 것만으로도 저절로 활력이 되살아난다. 캘린더에 중요한 목표만 입력하고 그것을 완벽히 마무리하기 위해 적극적으로 진행 상황을 파악하면 놀라울 정도의 발전이 이루어진다.

솔직한 조언
지키지 못할 약속은 하지 말자

성공했을 때는 자신의 공으로 돌리기 쉽지만 실패했을 때는 그렇지 않다. 실수했을 때, 마감기한을 넘겼을 때, 시작한 일을 시간 내에 끝내지 못했을 때 자신을 탓하기란 쉽지 않다.

어느 누구도 스스로 일을 벌여 지나치게 바빠졌다는 사실을 인정하기란 쉽지 않다. 사람들은 바쁜 일상을 정상적이고 당연한 것으로 받아들이며 싫어도 어쩔 수 없다고 생각하면서 자신이 희생양인 척한다.

사실 너무 바쁜 이유는 지나치게 많은 일을 하려 하기 때문이다. 꽉 짜인 일정, 수많은 프로젝트, 밤늦게까지 이어지는 친구와의 술자리, 휴일의 바비큐 파티, 지칠 때까지 즐기는 결혼식은 모두 시간을 최대한 활용하려는 결심을 방해한다.

상황에 변화를 주고 여유 있게 일정을 짜고 싶다면 간단히 원하는 것을 말하면 된다. 의미 없는 회의 참석을 비롯해 밤늦도록 붙잡혀 있어야 하는 모임처럼 시간 활용을 방해하는 일정은 모두 거절하자. 그렇다고 당장 직장을 그만두거나 친구 혹은 가족과 연락을 끊고 최소한의 연락만 하고 지내라는 얘기는 아니다. 여하튼 넘쳐나는 약속의 늪에서 빠져나올 돌파구를 생각하는 것은 상상력을 자극하는 계기가 된다.

단호하게 안 된다고 거절하자. 캘린더를 비운 다음 인생 목표 성취에 꼭 필요한 업무, 프로젝트, 목표로 캘린더를 다시 채우고 곧바로 시작해보자.

핵심요약 맞춤형 분기별 계획표

1. 파킨슨의 법칙에 따르면 우리는 시간이 더 주어질 경우 필요한 시간보다 더 오래 일한다.

2. 새해 다짐이나 25년 계획은 예측할 수 없고 효과적이지 않으며 계획한 대로 성공하지도 못한다.

3. 분기별 계획표를 실행하면 원대한 인생 목표에 더 쉽게 집중할 수 있고, 덕분에 계획이 성공할 경우 이는 지금뿐 아니라 미래에까지 큰 영향을 미친다.

4. 노트, 일일계획표, 포스트잇 아니면 에버노트나 클라우드와 연동된 캘린더 혹은 일정관리 도구를 사용해 당장 분기별 계획표를 실행할 수 있다.

제6장

평생 지속하는 습관

몸, 마음, 영혼에 변화를 일으키는 일상 의식

습관의 사슬은 처음엔 알아보기 어려울 정도로 약하지만 알아
차렸을 때는 너무 강해져 끊을 수 없다.
새뮤얼 존슨 Samuel Johnson_영국 소설가이자 시인

어렸을 때 나는 무엇을 하든 정해진 규칙을 지켜야 한다는 강박이
있었다. 접시에 놓인 음식은 서로 닿지 않아야 했고 수면 습관도 엄
격했다.

　내가 아홉 살이 되던 해, 어느 금요일 밤에 우리 가족은 함께 고
교 축구시합을 보러 갔다. 그 지역에서는 제법 유명한 경기로 절대
놓칠 수 없는 전설의 라이벌전이었다. 후반전이 끝나갈 무렵 점수

는 근소한 차이였고 경기장 안의 열기가 높아지면서 모두들 일어나 있었다. 나 역시 다른 사람들과 마찬가지로 소리를 지르며 응원하고 야유를 보내면서 발을 구르고 있었다.

그런데 경기가 끝나갈 즈음 한참 응원에 빠져 있던 어머니는 뒤돌아서서 나를 찾다가 믿을 수 없는 광경을 보았다. 내가 그 자리에 서서 자고 있었던 것이다. 모두가 일어서서 응원하던 그 혼란스런 경기장에서 몇 초 전까지만 해도 흥분해서 소리를 지르던 나는 정확히 9시가 되자 선 채로 잠이 들었다.

당시 나는 누구보다 체계적인 수면 습관을 지키고 있었다. 규칙적으로 매일 밤 9시에 잠자리에 들고 다음 날 아침 6시에 활기차게 일어났다. 과장이 아니라 내 일과에 시계를 맞춰도 손색이 없을 정도였다.

하지만 10대에 접어들면서 나는 그 훌륭한 습관을 이어가지 못했고 처음부터 다시 시작해야 했다. 이제 30대에 접어든 지금 내 모습은 아홉 살 소년과 많이 달라졌지만 그 시절이나 지금이나 같은 습관을 지킬 수 있다는 데는 의심의 여지가 없다.

다른 점이 있다면 지금은 효과적이고 건전하며 생산적인 습관을 들이려면 철저한 계획이 필요하다는 것이다. 하지만 매일 반복하는 행동이 몸에 배면 강력한 습관으로 자리 잡는다.

습관과 분기별 계획표

당신이 매일 하는 행동은 당신의 모든 것을 보여준다. 좋든 싫든 지금까지 반복해왔고 쉽게 떨쳐낼 수 없는 습관과 행동이 모여 지금의 당신을 만든 것이다. 당신이 앞으로 몇 년 뒤에 어떤 모습일지 정말 궁금하다면 완전히 굳어진 습관, 즉 더 자주 반복하면서 강한 영향력을 미치는 행동을 살펴보면 된다.

습관은 성격, 인간관계, 건강, 재정 상태, 경력에서 중추적인 역할을 한다. 알다시피 사실상 습관이 인생을 형성한다. 결국 자신의 최고 버전이 되고 싶으면 좋은 습관을 들여야 한다.

더 좋은 습관을 형성하는 핵심은 실수로 나쁜 습관이 생기는 상황을 방관하지 말고, 쓸모 있는 행동을 의도적으로 꾸준히 반복하는 데 있다. 마음만 먹으면 우리는 언제나 자신이 아는 것보다 훨씬 더 강하게 인생의 주도권을 쥘 수 있다.

앞서 살펴보았듯 분기별 계획표는 미래를 단기적인 관점에서 계획한다. 하지만 시간이 지나 분기가 모이면 1년, 2년, 5년으로 점점 쌓여간다. 지금부터 시작하는 몇 분기에서 몇 년에 이르기까지 당신의 성공은 분기마다 꾸준히 실천하는 습관에 의해 좌우된다.

분기별 계획표는 신속하게 행동으로 옮기는 것이 가장 중요하다. 인생에서 중요한 목표를 결정하고 그것을 이루고 싶다는 간절함이 있으면 매일 아침 일찍 일어나 유익한 습관을 실천하기가 훨씬 쉽다.

결국 매일 반복하는 행동은 습관이 되고 그 습관이 미래를 결정 짓는다. 즉 매일 반복하는 행동이 인생의 원대한 목표를 달성하는 데 있어 가장 중요한 요소다. 지금 당장 해야 할 일은 강력하면서도 꾸준한, 건전하면서도 생산적인 습관을 형성하도록 만드는 매일의 행동을 현명하게 결정하는 것이다.

3단계: 고정 습관

인생 목표를 달성하려면 단순히 집중하거나 마라톤을 몇 번 연습하는 것 이상의 노력이 필요하다. 결국 가장 큰 차이를 만들어내는

것은 매일 반복하는 행동이다.

아침 5시 설계도의 3단계는 고정 습관에 초점을 맞추되 여기에 따르는 부수적인 습관도 아우른다. 습관이 몸에 배면 성공이라는 멋진 보상이 따르는 것 외에도 습관 자체가 일정을 알려주는 신호 역할을 한다. 결국 몸에 배어 전혀 바꿀 노력이 필요치 않은 습관이 생기면 아주 편리하다.

고정 습관이란 이미 몸에 밴 습관을 말한다. 고정 습관이 생기면 내가 부수적인 습관이라고 부르는 다른 습관들도 자연스럽게 생성된다. 예를 들어 치실을 규칙적으로 사용할 경우 이것이 고정 습관이고, 치실을 사용한 다음 자연스레 양치질하는 것은 부수적인 습관이다. 몸에 익은 고정 습관은 또 다른 고정 습관을 새로 형성하기도 하고, 부정적 영향을 미치는 오랜 습관을 고치거나 없애기도 하는 등 긍정적인 효과가 있다.

아침 5시 설계도와 함께 성공에 커다란 영향을 미치는 중요한 고정 습관이 세 가지 있다.

첫째, 아침에 계획대로 일어나는 습관이다. 아침에 계획대로 일어나 순조롭게 아침 일과를 마치면 부수적인 습관까지 생긴다. 즉, 고정 습관 하나가 제대로 자리 잡을 경우 여러 가지 긍정적인 습관이 부수적으로 따라온다. 이는 고정 습관을 실행하지 않았다면 일어나지 않았을 현상이다.

예를 들어 당신이 평소에 1분이라도 더 자려고 이불 속에서 버티다가 하루 일정을 기록하지도 않은 채 허둥지둥 출근했다고 해보자. 그런데 아침 5시 설계도에서 배운 내용을 실천한 뒤 달라진 당신이 몇 가지 긍정적인 습관을 들여 아침을 효율적으로 계획한다면? 과거에는 아침에 명상, 독서, 운동을 위한 시간을 전혀 내지 못했지만 고정 습관이 새로 생긴 덕분에 예전에 놓쳤던 습관을 실천할 수 있을 것이다!

둘째, 운동하는 습관이다. 운동을 종교처럼 신성시하는 사람도 있지만 한 번도 가지 않은 피트니스 등록비를 아까워하며 후회하는 사람도 있다. 나는 꾸준히 하지는 못해도 가급적 운동을 먼저 하려고 하며 아침 5시 설계도에서 이를 필수요소로 꼽는다.

특히 운동은 건강과 생산성 측면에서 빼놓을 수 없는 기본적인 습관이다. 운동이 고정 습관이 되면 저절로 부수적인 건강 습관이 따라온다. 내 경우 조깅을 하고 돌아오면 곧바로 요가를 하고 기구를 이용해 거꾸로 매달리는 운동을 한다. 이어 건강 식단으로 구성한 아침을 먹고 출근 전에 샤워를 한다. 이처럼 운동은 건강과 함께 더욱 철저한 자기관리, 더 건강한 식단, 더 깨끗한 청결관리라는 선물을 안겨준다.

셋째, 업무 시작 습관이다. 업무 시작을 고정 습관으로 만들면 부수적으로 이메일 회신, 회의 참석, 큰 프로젝트 마무리 등이 따라온다. 만약 사무실에 출근하는 시간을 미루면 부수적으로 해야 하는 필수적인 습관도 일정이 늦어지거나 아예 하지 못할 수 있다.

훌륭한 이야기의 계기가 된 사건이 무엇이든, 중추적인 역할을 나타내는 은유적 표현이 무엇이든, 덕분에 인생 목표를 이룰 수 있다고 생각하는 것은 정말 중요하다. 매일 몇 가지 고정 습관만 성공적으로 실천해도 지금부터 마무리할 다른 업무에 커다란 영향을 미친다.

자신이 종종 중요한 일을 내버려둔다면 어렵게 생각할 것 없이 필요한 고정 습관을 실천해보라. 그러면 성패가 달라질 것이다.

성공한 사람들의 공통된 습관

이제 성공한 사람들과 아침형 인간이 폭넓게 받아들인 건전하고 생산적인 습관을 살펴보자. 제8장에서는 생산성 전략을 보다 자세히 다루고 있는데 성공한 사람들의 습관은 생산성 높은 하루를 보내는 밑거름이다.

나는 팟캐스트를 진행하면서 딘 칼나지즈Dean Karnazes(울트라 마라토너), 데이비드 알렌, 밥 프록터Bob Proctor(《생각의 시크릿》 저자), 리치 롤Rich Roll을 포함해 많은 성공한 사람과 인터뷰했다. 그리고 그들 모두에게 가장 효과적인 하루 습관을 물어봤다.

대부분 비슷한 답변을 했다. 성공한 사람들은 시간을 허투루 보내지 않으며 그들 모두가 중요하게 생각하는 습관은 놀라울 만큼 투자 효과를 본 습관이다.

다음 목록은 엄선해서 최고만 추려낸 것이다.

1. 아침 일찍 상쾌하게 일어나기

성공한 사람 중에는 아침형 인간이 많고, 아침형 인간 중에는 성공한 사람이 많다. 이는 아침에 일찍 일어나는 습관이 성공한 사람들에게 얼마나 당연한 일인지 단적으로 보여주는 사례이므로 나는 이 부분을 계속 짚고 넘어가겠다. 성공한 사람이 모두 아침 5시에 알람을 맞추는 것은 아니지만 많은 사람이 그렇게 한다. 이는 확실히 짚고 넘어가야 할 습관이다.

2. 사막에서 목마른 사람처럼 물 마시기

최근 몇 년 동안 나는 일어나면 탈수 상태가 된 몸을 추스르기 위해 곧바로 물 1리터를 마셨다. 성공한 많은 사람들도 아침에 물을 마시는 습관이 있다. 나는 특히 에스프레소를 마시기 전에 물을 마신다. 아침에 커피를 마시며 온몸에 카페인이 퍼져가는 느낌을 좋아하지만 새로운 습관을 들이기 위해 물을 마셔야 커피를 마실 수 있다는 규칙을 세운 것이다.

3. 고요한 시간 즐기기

성공한 사람들의 아침 일과에는 대부분 명상, 기도, 긍정적인 확언이 있다. 이 세 가지는 모두 확연히 다른 행동이지만 조용한 시간에 긍정적인 자극을 주는 생각을 한다는 점은 유사하다. 그리고 이것은 놀라울 정도로 효과가 좋다.

4. 아침에 과일 먹기

매일 아침 나는 과일과 녹색채소를 갈아서 만든 그린 스무디를 아침식사 대용으로 2리터씩 마신다. 성공하는 사람들은 보통 건강한 아침 식단을 위해 세심하게 신경을 쓴다. 건강한 아침식사가 활력에 필요한 영양소를 몸과 마음, 영혼에 채워주기 때문이다.

사실 나는 20대 중반부터 저지방·생식·채식으로 식단을 꾸렸고 이것은 아침 5시의 기적에 확실히 큰 도움을 주었다. 대용량 그린 스무디나 신선하고 잘 익은 유기농 상품을 조리하지 않고 많이 섭취하면 당연히 인생이 달라진다. 무엇보다 생기가 넘치고 소화기능이 좋아지며 몸무게가 줄면서 놀라울 정도로 건강해진다.

5. 자극을 주고 도움이 되는 정보를 닥치는 대로 읽기

이 부분은 모두가 만장일치로 공감한다. 나는 자기계발에 게으른 사람이 성공한 경우를 본 적이 없다. 인생을 생산적으로 보내려면 아침에 조깅하면서 오디오북이나 팟캐스트를 듣고, 책과 블로그에서 좋은 글을 읽으며 정보를 습득하는 습관이 절대적으로 필요하다. 나는 자기계발 시간을 개인적으로 아침 워크숍이라 부르는데, 이때 내가 따라 할 수 있는 내용을 꼼꼼하게 찾아본다. 그리고 항상 필요한 내용을 찾아낸다.

6. 혈액순환이 원활하도록 운동하기

단 10분이라도 할 수 있다면 아침 운동은 무엇과도 바꿀 수 없는 습관이다. 일부 성공한 사람은 건강에 굉장히 신경을 쓰며 운동은 대부분 들인 노력에 비해 효과가 큰 편이다. 특히 고강도 운동 혹은 고강도 인터벌 트레이닝(고강도 운동 사이에 저강도 운동을 넣어 번갈아가며 여러 차례 반복하는 신체 훈련 ─ 편집자주)은 운동은 하고 싶지만 시간을 많이 투자할 수 없는 사람에게 알맞은 전략이다. 무엇보다 내가 가장 좋아하는 운동은 야외에서 달리는 것이다.

7. 진지하게 하루를 계획하기

다른 어떤 습관보다 추천하고 싶은 생산적인 습관은 바로 계획하기다. 하루를 미리 계획하는 습관은 시간을 최대한 가치 있게 활용하는 탁월한 방법이다. 설령 계획에 차질이 생겨도 아침부터 확실하게 계획을 세워 하루를 통제하므로 성공 확률을 높일 수 있다.

매일 반복하는 습관을 큰 그림과 연결하기

그러면 이번 분기에 계획한 인생 목표를 다시 생각해보고 매일 일과에 넣고 싶은 습관을 정해보자. 운동이나 명상처럼 건강한 습관과 목표 성취에 도움을 주는 생산적인 습관이 이상적이다. 예를 들어 새 집을 장만하고 싶으면 매일 아침 부동산 시장에 나온 매물을 검색해본다. 대학원 진학을 준비 중이라면 매일 한 통씩 지원서를 작성한다. 목표가 무엇이든 나중에 큰 차이를 불러올 중요한 습관으로 세분화하자.

다음 장에서 우리는 이상적인 아침 일과를 설계할 것이다. 이것은 삶이나 인생 목표에 커다란 변화를 불러오는 고정 습관과 그에 따른 부수적인 습관을 계획해 실천에 옮길 기회다.

솔직한 조언
철저하게 규칙을 지켜라

사람은 언제든 폭넓게 선택할 기회가 있으면 가능한 한 많은 일을 하려고 한다. 즉, 모든 가능성을 확인하려 하고 모든 깨달음을 좇으려 하며 눈앞의 모든 기회를 잡으려 한다. 물론 적용 가능한 생산적인 습관은 무궁무진하지만 유감스럽게도 하루는 24시간이라 당신도 나도 모든 습관을 시도해볼 수는 없다. 그러므로 규칙을 정해야 한다.

나는 매일 저녁 8시에 업무를 끝내는 규칙 외에 다른 규칙도 지킨다. 예컨대 매일 아침 업무 목록을 작성하면서 시간을 제한해야 하는 업무는 마감 시간을 정한다. 가령 행사, 회의, 약속에는 모두 명확한 규칙이 필요하다. 또한 나는 아침 일정, 매일 하는 운동, 식사는 시간을 정해놓고 실천한다.

언제든 적합한 규칙이 필요하다는 판단이 서면 나는 스스로 엄격한 마감시간을 설정한다. 시간 제약을 두지 않을 경우 눈앞의 모든 기회를 좇고 갑자기 생긴 일까지 전부 처리하려 할 것이기 때문이다. 규칙은 주의를 기울여야 할 목표에 온전히 집중하도록 체계를 세워준다. 규칙에 어긋나는 일은 다른 날로 미루거나 아예 취소하자.

핵심요약 고정 습관과 부수적인 습관

1. 실수로 생긴 나쁜 습관이 서서히 삶에 자리 잡도록 방관하지 말고 의식적으로 긍정적인 습관을 들이자.
2. 결국 인생 목표를 이루느냐 마느냐는 매일 실천하는 습관에 달려 있다.
3. 고정 습관은 당신이 이미 실천하는 중요한 행동으로 이는 자연스럽게 부수적인 습관을 생성한다.
4. 아침에 일찍 일어나기, 운동하기, 업무 시작하기는 매일 실천해야 하는 중요한 고정 습관이다.
5. 성공한 사람에게는 공통적으로 아침에 일찍 일어나기, 물 많이 마시기, 침묵하는 시간 내기, 건강한 아침식사하기, 실용적인 정보 습득하기, 운동하기, 미리 하루 계획 세우기 등의 건강하고 생산적인 습관이 있다.

제7장

이상적인 아침 설계하기

완벽한 하루를 계획해 실행 및 반복하는 방법

> 현명한 사람이 규칙적으로 행동한다는 것은 큰 포부를 품었다
> 는 증거다.
>
> **오든**W. H. Auden_시인

어떤 기억은 시간이 지나면서 희미해지지만 일부 기억은 마치 어제 겪은 일처럼 당시의 강렬한 느낌이 생생하게 남는다.

예전에 아버지는 분무기에 얼음처럼 차가운 물을 담아 내 얼굴에 인정사정없이 쏘았는데, 그때를 생각하면 지금도 얼굴이 얼얼한 듯하다. 고교 시절 나의 알람시계는 매일 아침 분무기에서 쏟아지는 물이었다. 물론 진짜 알람시계가 있었지만 잽싸게 끄고 다시 잠

드는 바람에 나는 내가 알람을 껐다는 사실조차 기억하지 못했다. 아버지는 나를 깨우려고 이런저런 방법을 동원했는데 그중 여전히 기억나는 것이 얼음처럼 차가운 물이다.

이 방법이 완벽하다고 보기 어렵지만 어쨌든 이불을 박차고 일어나게 해주는 효과는 분명히 있었다. 소스라치게 놀란 나는 허겁지겁 욕실로 달려가 대충 씻고 옷을 걸친 다음 시리얼을 입 안 가득 욱여넣은 채 현관문을 박차고 나가 간신히 첫 수업에 늦지 않았다. 학교에서 받는 스트레스로 부족했던지 아침마다 재난 대비 훈련이라도 하듯 정신없이 허둥거렸던 것이다.

몇 년이 지나서야 나는 아침을 계획적으로 시작하면 하루를 보다 가치 있게 보낼 수 있다는 사실을 깨달았다. 덕분에 내가 맞이하는 새벽은 진정한 의미를 담은 완벽한 아침으로 탈바꿈했다. 얼마 지나지 않아 나는 아침, 저녁을 포함해 평일 시간을 최대한 활용하도록 설계하는 방법을 찾았다.

4단계: 이상적인 일과

지금까지 우리는 아침 5시 설계도를 토대로 1단계에서 인생 목표를 정한 뒤, 2단계에서 목표 목록 중 현재 분기에 열중해 진행할 몇 개의 목표를 추려냈다. 그리고 3단계에서 목표를 향해 나아가도록 도와주는 중요한 고정 습관과 부수적인 습관을 파악했다. 이제 그 습관을 활용해 이상적인 평일 일과를 설계하고 계획할 것이다.

습관, 의식, 일과의 차이

이상적인 계획표를 진행하기 전에 먼저 우리가 자주 혼동해서 사용하는 습관, 의식, 일과의 개념을 확실히 정리하고 넘어가자.

습관은 우리가 자동적으로 되풀이하는 행동으로 좋든 싫든 일단 습관화하면 바꾸기가 어렵다. 만약 일정한 목적 아래 습관을 들일 경우 꼭 계획적으로 행동할 필요는 없다. 크게 신경 쓰지 않아도 시간이 지날수록 습관을 자연스럽게 실천하기 때문이다. 특히 좋은 습관은 최적화된 아침 일과의 중심축이다.

습관을 들이지 않아 할 일을 생각하는 시간이 길어지면 점점 다른 일을 하게 되고 결국 시간을 낭비하고 만다. 심지어 습관화하지 않아도 된다며 자기합리화를 한다. 그러나 아침 일과를 순조롭게 설계하기 위해서는 자동적으로 실행하는 습관이 해답이다.

의식은 정해진 순서에 따라 실행하는 일련의 행동으로 구성된 형식이다. 종교의식, 결혼식, 장례식을 떠올리면 이해하기가 쉽다. 이러한 의식은 전형적으로 다음의 내용을 포함한다.

① 종교적인 색채가 묻어난다.
② 행동 순서에 일관성이 있고 절대 순서를 바꿀 수 없다.
③ 모든 행동에는 심오한 의미와 목적이 있다.

정리하자면 의식은 정해진 프로그램처럼 규칙적으로 따르는 연속적인 행동이다. 예를 들면 오랫동안 해온 운동 프로그램, 매일 사무실과 집을 오가는 길, 매년 구입하는 비슷한 모양의 옷이 대표적이다.

반대로 일과는 전형적으로 다음의 내용을 포함한다.

① 종교적 색채를 찾아볼 수 없다.
② 일과 순서를 바꿀 수 있다.

③ 행동에 감정이나 의미가 거의 없고 활동이 지루하거나 서로
　　연관성을 찾기 힘들다.

　이 책에서 말하는 아침 활동은 종교와 아무 상관이 없고, 언제든
순서를 바꿀 수 있으며, 감정과 의미를 부여하는 것은 각자의 몫이
므로 '일과'에 속한다.
　아침 일과가 너무 지루하거나 맥이 빠질까 봐 염려할 필요는 없
다. 언제든 일정 전체를 무효로 하고 처음부터 다시 설계할 수 있으
니 말이다. 나는 인생의 전환기나 우선순위에 변동이 생길 때마다
매년 여러 차례 수정을 해왔다. 당연히 아침 일과는 필요할 때마다
수정할 수 있다.

이상적인 일주일 계획하기
　이상적인 아침 일과를 위해서는 먼저 전체적인 그림, 즉 이상적
인 일주일부터 명확히 윤곽을 잡아야 한다. 나는 이상적인 일주일
의 개념을 생산성 전문가 마이클 하얏트Michael Hyatt에게 처음 배웠다.
이상적인 일주일은 한 주를 시작부터 끝까지 거의 흠잡을 데 없이
활용할 수 있다는 주장을 바탕으로 한다.
　설득력 없는 소리처럼 들릴지도 모르지만 바로 그것이 핵심이다.
이상적인 일주일은 인생을 만들어가는 출발점이다. 중요한 행사,

규칙적인 일정, 일관성 있는 습관을 포함해 일주일을 최대로 활용하도록 계획했다면 최소한 이론적으로는 계속 반복할 수 있는 일주일 일정을 마련한 셈이다.

이 개념은 매주 생활을 비교적 규칙적으로 보낸다는 것을 전제로 한다. 만약 생활이 규칙적이지 않다면 이 책의 후반부에 제시하는 불규칙한 일정을 짜는 다른 접근법을 참조하기 바란다.

이상적인 일주일을 계획하기 위해서는 미리 앞을 내다볼 줄 아는 지혜가 필요하다. 자신의 미래를 적극 구상해보면 생각했던 것과 비슷하게 행동으로 옮길 가능성이 커진다. 일주일 동안 구체적인 규칙, 건강한 습관, 생산적인 약속을 계획했다고 확신할 때 계획 없이 행동할 때보다 목표를 더 확실히 성취할 수 있다.

이제 이상적인 일주일을 준비하는 과정을 함께 살펴보자. 지금은 최소한 계획이 완벽하다는 전제 아래 미래 모습을 상상해볼 기회다. 평소 자신의 행동을 바탕으로 현실을 반영해 이상적인 일주일을 머릿속에 그려보되, 설령 실행하지 않을지라도 마음에 품고 있는 꿈을 약간 더해보자.

1. 서식을 준비한다

124쪽에 제시한 이상적인 일주일 기록 서식은 5 AM 스튜디오 http://jeffsanders.com/studio 홈페이지에서 직접 내려받을 수 있다. 이 서식은 필요에 따라 편집과 수정 및 응용이 가능하다.

2. 모형을 선택한다

이상적인 일주일 기록 서식은 규칙적인 생활과 불규칙한 생활을 위해 두 가지로 나뉜다. 생활 유형이 매주 비슷하면 규칙적인 생활용 서식이 적합하고, 변화가 크면 불규칙한 생활용 서식이 적당하다. 생활이 규칙적일 경우에는 위에서 말한 서식을 사용하면 된다. 반면 생활이 불규칙하면 다음의 몇 가지 사항 중에서 선택해야 한다.

첫째, 수면이나 업무시간처럼 합리적으로 판단할 수 있는 활동을 먼저 일정으로 확보하고 그에 따라 이상적인 일주일을 계획한다. 이는 규칙적인 서식과 비슷해 보이지만 훨씬 덜 구체적이다.

둘째, 도표나 서식 대신 목록을 사용한다. 그러면 평소 일정을 시간에 구애받지 않고 간편하게 파악할 수 있다. 목록은 다루기가 훨씬 쉽고 즉흥적으로 대처할 수 있으며 매일 상당량을 성취할 기회를 제공한다.

셋째, 체계적으로 계획해 불규칙한 일정을 규칙적으로 변환한다. 이 방법은 다소 복잡하고 직업이나 일정에 따라 다르기도 하지만 이전에 경험해보지 못한 일관성을 체험하는 가장 좋은 방법이다.

더 규칙적으로 생활하고 싶다면 의도적으로 규칙을 정하라. 가령 체계적이지 않던 활동에 시작과 종료 시간을 정하거나 회의를

이상적인 일주일							
시간/요일	월	화	수	목	금	토	일
05:00 ~ 05:30	이상적인 아침 일과	이상적인 아침 일과	이상적인 아침 일과	이상적인 아침 일과	이상적인 아침 일과	잠	잠
05:30 ~ 06:00							
06:00 ~ 06:30							
06:30 ~ 07:00						주말 일과	주말 일과
07:00 ~ 07:30							
07:30 ~ 08:00							
08:00 ~ 08:30							
08:30 ~ 09:00							
09:00 ~ 09:30	중요한 프로젝트	중요한 프로젝트	중요한 프로젝트	중요한 프로젝트	중요한 프로젝트		
09:30 ~ 10:00							
10:00 ~ 10:30							
10:30 ~ 11:00							
11:00 ~ 11:30							
11:30 ~ 12:00							
12:00 ~ 12:30	점심식사	점심식사	점심식사	점심식사	점심식사		
12:30 ~ 01:00							
01:00 ~ 01:30	일상 업무	일상 업무	일상 업무	일상 업무	일상 업무		
01:30 ~ 02:00							
02:00 ~ 02:30							
02:30 ~ 03:00							
03:00 ~ 03:30							
03:30 ~ 04:00							주간 검토
04:00 ~ 04:30							
04:30 ~ 05:00							
05:00 ~ 05:30	이상적인 저녁 일과	이상적인 저녁 일과	이상적인 저녁 일과	이상적인 저녁 일과	여유시간		이상적인 저녁 일과
05:30 ~ 06:00							
06:00 ~ 06:30							
06:30 ~ 07:00							
07:00 ~ 07:30							
07:30 ~ 08:00							
08:00 ~ 08:30							
08:30 ~ 09:00							
09:00 ~ 09:30	잠	잠	잠	잠	잠	잠	잠

가급적 업무시간 내에 신속히 진행하도록 일정을 잡는다. 이번 주가 끝나고 한 주가 바뀌어도 계속 일정을 예상할 수 있도록 모든 수단을 동원하라.

3. 큰 바위를 먼저 놓는다

《성공하는 사람들의 7가지 습관》The 7 Habits of Highly Effective People 에서 저자 스티븐 코비Stephen Covey 는 일정표의 빈칸을 시간 제약이 있어서 절대로 변경할 수 없는 일정, 프로젝트, 업무 같은 큰 바위로 먼저 채워야 한다고 설명했다. 당신의 큰 바위는 매일 하는 업무, 종교 활동, 주중 피아노 수업, 정기적인 약속일 수도 있다.

4. 빈틈은 작은 돌로 채운다

일단 큰 바위를 배치한 뒤에는 작은 돌, 즉 일반적으로 시간 제약이 없고 우선순위가 밀리는 일로 일정 사이의 틈을 메운다. 예를 들면 매일 하는 운동, 소소한 볼일, 거르고 싶지 않은 중요한 습관이 작은 돌에 속한다.

이쯤되면 서식은 빈칸 없이 다 채워져야 한다. 그래도 빈칸이 있다면 부수적인 행동에 쓰거나 약간의 여유시간으로 남겨둔다. 제 아무리 이상적인 주간계획을 세워도 인생은 계획대로 흘러가지 않으므로 훌륭한 전략은 일부러 여지를 남겨두는 것이다.

5. 매주 서식을 검토한다

매주 시행해야 하는 검토 단계는 제9장에서 자세히 설명한다. 일단 최소한 일주일에 한 번 이상적인 주간계획을 검토하라. 매주 한 번 서식을 검토하면 계획을 진행하는 과정에 차질이 없도록 필요에 따라 일정을 조정할 수 있다.

이상적인 일주일 계획을 세우면 이상적인 하루가 따라온다

이상적인 주간계획표를 만들면서 시간까지 설정하면 그것은 아침과 저녁 일과를 정하는 기준이 된다. 예를 들어 8시 30분이 출근 시간이고 6시 30분에 일어나기로 계획했다면 아침 일과를 위한 두 시간의 여유가 생긴다. 아침 일과에 투자할 시간을 정한 뒤 규칙적으로 이 시간에 넣을 습관을 분류하라.

아침 일과의 네 가지 유형

나는 한 개의 잘 설계된 아침 일과를 활용했다. 그리고 일정이 변동되면 일과를 조정했다. 대개는 성공적으로 지켰지만 이 시스템이 이상과 거리가 멀다는 사실을 깨닫기까지 그리 오래 걸리지 않았다. 나는 내 접근법에 어떤 문제가 있는지 파악하려 노력했다.

결국 한 가지 일과는 유연성이 떨어진다는 사실을 발견했다.

일정 변화에 대비해 한 가지 이상의 일과가 필요하다. 근무하는 날, 주말, 휴일, 이른 아침에 약속이 있는 날, 마음대로 하고 싶은 날, 예고도 없이 생기는 예측 불가능한 일 등은 일정에 변수로 작용하기 때문이다.

하나의 일과는 변수가 많은 일정이나 마지막에 나타나는 변화를 반영하지 못한다. 몇 년 동안 팟캐스트를 진행하면서 나는 전형적인 근무시간 일정과 유연성이 필요한 주말 일정을 고려해 두 가지 다른 일과를 짜야 한다고 주장했다. 문제는 전형적인 근무시간이 전혀 전형적이지 않았고 하루하루가 달랐다.

모든 사람이 월요일부터 금요일까지 항상 같은 시간에 사무실에 도착하는 것은 아니며, 설령 같은 시간에 도착할지라도 근무시간 전후로 세운 일정은 항상 변하게 마련이다. 우리는 유동적으로 움직이는 세상에서 살고 있으므로 유동적인 일정을 세워야 한다. 인생은 충동적인 선택의 연속은 아니더라도 그것을 하나로 묶어주는 체계가 있어야 한다.

이 딜레마를 해결하기 위해 나는 이상적인 아침 일과에 네 가지 변화를 시도했다. 그 변화는 각기 활용할 수 있는 여유시간과 남은 하루를 보내는 방법에 따라 분류했다. 물론 참여해야 하는 일정에 따라 예측 가능한 변수는 네 가지보다 많을 수 있다. 정기적인 일정이라 예측이 가능한 날은 그에 알맞은 유형으로 아침 일과를 계획하길 추천한다.

나는 전날 밤이나 저녁 일과 때 다음 날 아침 일과를 짜는 단계를 넣는 것이 좋다고 생각한다. 아침에 눈을 뜨는 것조차 힘든데 간신히 일어나 하루를 어떻게 보내야 할지 결정하기는 어렵다. 전날 미리 정해 계획한 대로 실천하자.

1. 속임수

이 방법은 운이 좋으면 양치질하는 시간만으로도 실천할 수 있도록 설계한 속전속결 일과다. 이것은 내가 간신히 이불을 빠져나온 날, 한 시간도 채 걸리지 않고 최대한 빨리 문을 나서도록 최소한의 일과만 처리하는 방법이다. 그러나 이 방법은 아주 가끔만 사용해야 한다. 아침 일과를 단축함으로써 불필요한 스트레스를 받는 한편 중요한 습관을 기를 기회를 놓치는 것은 바람직하지 않다.

2. 근무시간

가장 평범한 일정으로 출근하기 전에 흔히 활용할 수 있는 방법이다. 즉, 출근 전에 중요한 하루 습관을 실천하기 위해 두세 시간을 내는 것이다. 이때 나는 짧은 독서, 간단한 운동, 내가 제일 좋아하는 그린 스무디를 마신다.

3. 느긋한 시간

주말이나 휴가기간에 생기는 시간으로 이때 운동, 명상, 독서, 산책, 일기쓰기, 그 밖에 미뤄두었던 일을 할 수 있다. 3~5시간의 여유가 생기면 나는 마라톤을 연습하거나 최근에 읽지 못한 책을 한두 시간에 걸쳐 읽으며 활용한다.

4. 맞춤 일정

이것은 지금까지 내가 말한 내용과 당신의 일정이 전혀 일치하지 않는 독특한 상황일지도 모른다. 가령 공항에 가는 날, 아이들을 처음 등교시키는 날, 출근하기 전에 치과에 가는 날처럼 평일 일정이 틀어지는 날 아침을 상상해보라. 평소와 다른 날 아침에 어떤 일이 생겨도 일정에 차질이 없도록 맞춤 일과를 계획하자.

이상적인 아침 일과 설계

이제 위의 네 가지 유형을 염두에 두고 이상적인 아침 일과를 설계하는 데 필요한 7단계를 살펴보면서 당신의 인생에 아침 5시의 기적을 일으킬 시간이다.

1. 노트, 캘린더, 일정관리 도구 활용하기

기본적인 서식에 매일 할 일을 간단하게 목록으로 정리한다. 아침마다 목록에 적힌 일을 하면서 실행한 것에 체크한다. 나는 항상 에버노트를 열어 아침 일과를 설계한다. 목록에 적힌 일을 모두 끝내면 그 내용을 캘린더와 일정관리 도구에 옮겨 적는다. 편집이 쉽고 필요할 때마다 최신 정보로 업데이트할 수 있다면 어떤 방법을 사용해도 상관없다.

2. 이상적인 저녁 일과 설계하기

이상적인 아침 일과는 전날 저녁에 계획한다. 매일 저녁마다 다음 날 아침 실행하고 싶은 활동을 순서대로 목록에 적는다. 오후가 되면 일정이 급격하게 전개되는 경향이 있지만 저녁 일과는 아침 일과보다 훨씬 유연한 시간이다. 오랫동안 체계적인 생활을 지속하려면 규칙적으로 저녁 일과를 세워야 한다.

예정보다 더 늦은 시간까지 깨어 있을 경우 수면이 부족하거나 알람을 듣지 못하고 늦잠을 자고 만다. 이때는 어느 쪽이든 첫 단추부터 잘못 끼우고 아침을 시작해야 한다.

다음은 이상적인 저녁 일과에 적용해야 할 중요한 지침이다.

① 하루 업무의 종료시간을 확실히 정하고 잘 준비를 하자.

② 캘린더와 일정관리 도구에 입력된 다음 날 일정을 검토한다.

③ 모든 업무 관련 자료와 집에 쌓인 개인적인 일을 모두 잊는다. 이 단계는 제8장에서 다룰 이퀼리브리엄 제로Equilibrium Zero의 일부다.

④ 아침 알람을 맞춘다. 나는 확실하게 일어나려고 알람을 여러 개 설정한다.

⑤ 컴퓨터, 휴대전화, 태블릿 같은 디지털 도구는 취침하기 한 시간 전에 모두 끈다.

⑥ 마음이 더 편안해지도록 소설책을 읽거나 오디오북을 듣는다.

⑦ 더 빠르고 쉽게 잠들 수 있는 이상적인 환경을 조성한다. 온도는 서늘하게, 방은 어둡게, 침대는 포근하게 준비한다.

3. 인생 목표와 이어진 아침 일과 짜기

앞 장에서 매일의 행동과 습관을 인생 목표와 연결하는 것에 대해 이야기했다. 이러한 행동을 계획하기에 가장 좋은 시간은 아침 일과 시간이다. 이상적인 아침을 계획할 때는 반드시 인생 목표를 이루게 해줄 습관을 우선순위에 두고 일과에 포함시킨다.

인생 목표와 습관을 연결하는 것이 시스템을 움직이는 핵심이다. 물론 아침에 일찍 일어나고 단순히 기분이 좋아지는 습관을 임의로 선택할 수도 있다. 그러나 장기적인 관점에서 인생 목표를 염두에 두고 이번 분기에 설정한 목표를 위해 해야 할 특정 행동을 계획적으로 정하는 것이 바람직하다. 이것은 아침 5시 설계도를 한군데로 모아주는 접착제 역할을 한다.

예를 들어 당신이 철인 3종 경기를 준비하는 중이라면 수영을 이른 아침 일과에 포함할 수 있다. 당신이 조만간 브라질로 여행을 갈 계획이라면 포르투갈어를 한 시간 공부할 수도 있다. 이 책을 준비할 때 나는 아침 일과에 방해받지 않는 나만의 시간을 정해놓고 그 시간을 글쓰기에 할애했다. 즉, 나는 하루를 시작하면서 몇 시간을 내 인생에서 가장 중요한 목표와 연결한 것이다.

인생 목표에 맞춰 이른 아침에 꾸준히 실천하는 계획적이고 건전하며 생산적인 습관은 아침식사 전에 하루를 지배하는 전형적인 그림을 그리도록 만든다.

4. 활기차게 시작하기

나는 아침 일과 시간에 하루에 필요한 활력을 최대한으로 끌어올리고 싶었다. 그래서 물 1리터와 더블 에스프레소 마시기, 운동하기, 아침식사 대신 대용량 그린 스무디 마시기 같은 전략을 세웠다. 일단 활기가 생기자 다른 무엇보다 생산성에 커다란 영향을 미쳤다. 활력이 넘치면 생산성이 높아지고 생산성이 높아지면 목표를 더 많이 달성할 수 있다.

5. 성공한 사람들의 일과 따라 하기

성공한 사람은 대개 건전하고 생산적인 습관을 갖고 있다. 그러면 내가 직접 실천하는 아침 일과를 비롯해 당신이 따라 할 수 있는 아침 일과 사례를 소개하겠다.

사례 하나: 딘 칼나지즈, 세계적으로 유명한 울트라 마라톤 선수

① 새벽 3시 30분 기상
② 마라톤 연습
③ 아이들과 아침식사
④ 아이들 학교 등교시키기

칼나지즈는 완벽한 하루를 보내기 위해 새벽에 일어나 마라톤을 연습한다. 아침식사 전에 하루를 지배하는 사례로 이보다 더 좋은 것은 떠올릴 수 없었다.

사례 둘: 나, 매우 평범한 남자

① 아침 5시 기상
② 비타민 섭취

③ 운동복으로 갈아입기

④ 물 1리터 마시기

⑤ 애완견 베니에게 먹이 주고 산책시키기

⑥ 햇빛이 들어오도록 블라인드 걷기

⑦ 일정관리 도구를 열어 오늘 일정 확인하기

⑧ 급한 불끄기: 은행계좌 확인, 받은 메일함 확인(제8장 참조), 웹사이트 확인

⑨ 10분 명상

⑩ 더블 에스프레소 마시기

⑪ 20분 독서

⑫ 대용량 그린 스무디 만들기

⑬ 나만의 시간(30~60분): 글쓰기, 운동 등

⑭ 샤워하기

⑮ 출근하기 위해 옷 갈아입기

⑯ 9시부터 가장 중요한 프로젝트 시작하기

내가 작성한 목록의 길이와 그 구체성에 주목하자. 당신은 더 길고 자세한 목록을 만들기 바란다. 나중에는 내용을 간단하게 줄이면서도 보다 향상된 결과를 얻을 수 있다.

활동 목록을 만들면서 나는 시간을 표시하지 않았다. 이는 작업 시간을 유동적으로 조절할 수 있어서 내가 움직이는 순서대로 목록을 작성했기 때문이다. 만약 당신이 규칙적으로 생활하고 있다

면 아침 일과도 시간을 정해놓고 지키도록 하자.

다음은 내가 예전에 지켰던 아침 5시를 기준으로 한 간략한 아침 일정이다.

5:00 기상 → 5:02 비타민 섭취 → 5:03 운동복으로 갈아입기 → 5:03 물 1리터 마시기

6. 모든 내용 기록하기

당신만의 일과를 짜보자. 이제 당신에게는 필요한 정보가 있고 대표적인 사례도 봤으며 작성하는 지침도 있다. 지금부터 아침의 기적을 직접 만들어보자.

7. 점검사항 완성하기

일과를 완성했다면 하나로 모아 조립하자. 그리고 추가로 수정할 내용이 있는지 다음에 소개하는 일곱 가지 내용을 자문해보자.

① 충분히 생각해서 아침 일과를 계획했는가?

② 계획한 아침 일과는 실행하기가 쉬운가? 모든 내용을 기록하거나 디지털 기기에 입력했는가?

③ 아침 일과가 현실적이면서도 의욕이 넘치는가? 다시 말해 완벽하게 실행하기가 어려운가?

④ 예기치 않은 일의 발생을 고려해 여유시간을 두었는가?

⑤ 아침 일과에 최우선순위 및 인생 목표와 이어지는 습관, 프로젝트, 업무를 넣었는가?

⑥ 운동을 건너뛰는 것처럼 평상시 저지른 실수를 반복하지 않도록 설계했는가?

⑦ 아침 일과 뒤 확실히 활력이 불어넣어 하루를 생산적이고 멋지게 보낼 수 있도록 설계했는가?

솔직한 조언
지나치게 이상적인 일정을 버려라

이상적인 하루를 설계하는 일은 양날의 검과 같다. 일단 목표를 성취하기 위한 일정, 습관, 프로젝트를 완벽하게 짜서 캘린더에 넣는 것은 가능하다. 그러나 곧 절대 넘을 수 없는 높은 벽에 가로막히고 만다. 벽은 굉장히 높아 보이고 실패한다는 두려움으로 몸이 굳어버릴지도 모른다.

우리는 현실을 고려한 이상적인 일과를 설계해야 한다. 이상적으로 계획한 일정은 우리의 장점, 버릇, 어려움을 포함해 진정한 자신을 드러낸다. 가장 좋은 일정은 스스로 발전하도록 고난을 제공하는 동시에 앞으로 무엇을 할지 명확히 보여준다. 예를 들어 나는 무슨 일이 있어도 아침 5시보다 이른 시간에 일어나는 일과를 계획하지 않는다. 경험상 그 시간에 일어나지 못한다는 것을 알기 때문이다.

대부분 건강하고 생산적인 습관을 들인 나는 다른 사람들보다 아침에 준비하는 시간이 더 많이 필요하다. 그중 하나도 놓치고 싶지 않다. 현재 내 아침 일정은 보통 세 시간 이상 걸리지만 20분 만에 할 수 있는 단축 버전을 만들 생각이 당분간 없다.

현실에 맞춰 살자. 합리적이고 현재 상황에 맞춰 실천할 수 있는 동시에 시간을 최대한 활용하도록 동기를 부여하는 일정을 설계하자.

핵심요약 이상적인 아침 일정 설계

1. 이상적인 일주일 서식은 당신이 떠올린 가장 좋은 계획을 실천하기 위한 체계를 제공한다. 규칙적으로 서식을 작성 및 수정하고 최적화하기 위해 필요한 만큼 충분한 시간을 내자.

2. 아침에 실행하는 습관과 현재 집중하는 인생 목표를 연결하는 것이 바로 아침식사 전에 하루를 지배하는 아침 5시의 기적이다.

3. 처음 작성하는 아침 일과는 자세하고 짜임새 있게 설계하자. 일단 습관을 들이면 아침 일과는 언제든 간단하게 수정할 수 있다.

4. 저녁 일과는 좀 더 여유 있게 짜는 편이 좋지만 가능하면 아침 일과처럼 상세하게 설계하자. 그래야 매일 저녁 순조롭게 계획대로 진행된다.

5. 앞서 아침 일과를 직접 점검할 수 있는 일곱 가지 질문을 소개했다. 점검 결과가 어떤가?

제8장

끝내주는 생산성 전략

큰 차이를 만드는 전략

> 혼돈 속에서 단순함을 찾아라. 불협화음 속에서 조화를 찾아라. 고난의 한복판에 기회가 있다.
>
> **알베르트 아인슈타인**Albert Einstein_세계적 물리학자

"고난의 한복판에 기회가 있다."

아인슈타인의 명언에서 마지막 문장은 내가 문제를 생각하는 방식을 근본적으로 바꿔놓았다. 오랫동안 나는 문제를 잡아야 할 기회가 아니라 풀어야 할 골칫덩이로 생각해왔다.

그러나 당신이 직면한 생산성 문제는 결코 골칫덩이가 아니다. 오히려 더 많은 일을 할 수 있고 가장 중요한 일을 효율적으로 처리

할 확실한 기회다.

이 장에서는 지난 몇 년 동안 내가 직접 확인하고 검증해서 최적화한 최고의 전략 세 가지를 소개한다. 이것은 처음에 나를 괴롭히는 골칫덩이였으나 나중에는 생산성이 지닌 잠재력을 발휘할 기회로 탈바꿈했다.

모든 전략을 한계까지 끌어올려보라. 당신의 능력과 당신이 가진 도구를 최대한 활용할수록 대성공을 거둘 것이다. 기백 없이 전략을 실행한다면 별 볼일 없는 결과를 얻고 만다. 다이빙처럼 머리부터 물에 넣고 완전히 입수하는 것이 자신의 한계를 극복하고 원하는 결과를 얻는 최고의 계획이다.

5단계: 생산성 전략

5단계까지 온 것을 환영한다. 아침 5시 설계도의 5단계에서는 가장 중요한 세 가지 생산성 전략인 정리, 집중, 균형을 실천한다.

지금까지는 이상적인 일주일, 이상적인 아침 및 저녁 일과를 계획했다. 이번 장에서 소개하는 전략은 완벽하게 세운 일정과 연동해서 하려는 일을 효율적으로 해내도록 설계되었다.

이 전략들은 설사 당신의 캘린더가 순서도 엉망이고 불규칙하거나 정신없어 보이더라도 실생활에 적용할 수 있다. 어쩌면 이미 생활에서 어떤 형태로든 사용하고 있을지도 모르지만 모든 잠재력을 끌어올려야 비로소 마법이 일어나는 법이다.

자, 생산성의 세계로 뛰어들어 보자!

전략 하나, 정리하기

평소에 아무리 정리정돈을 잘하는 사람도 노트 정리 도구, 캘린더, 포스트잇처럼 일정을 관리하는 방식을 수십 가지나 사용하면 자칫 압도당할 수 있다. 생산성을 최대로 끌어올리려면 관리하는 방식을 최소한만 남겨두고 모두 정리하는 것이 좋다.

지금부터 적합한 도구를 사용해 생산성을 높이는 정리 기술 세 가지를 소개하겠다.

업무, 프로젝트, 이벤트, 통합하기

나는 여러 가지 도구 중 일정관리 도구를 가장 자주 사용한다. 그 중에서도 가장 기본적인 도구는 바로 포스트잇이다. 이것은 개인적·직업적 목록, 업무, 프로젝트에 이르기까지 정리할 수 있는 단순한 도구다. 일부 일정관리 도구는 캘린더, 커뮤니케이션 및 개인 비서 기능까지 한다. 의심할 여지없이 일정관리 도구는 생산성 창고에서 가장 중요한 도구다.

아마 당신은 오랫동안 다양한 종류의 일정관리 도구를 사용해왔을 것이다. 대개는 할 일을 목록에 적고 캘린더에 약속을 저장하며 일정의 우선순위를 정할 때 도구를 사용한다.

나는 당신이 열 가지가 넘는 다른 방법을 사용하느라 일정을 관리하는 도구의 늪에 빠진 적이 없기를 바란다. 나 역시 처음에는 주방에서 아무거나 손에 잡히는 노트에 장을 봐야 할 목록을 적고, 노트북을 열어 워드프로그램에 새로운 마라톤 목표를 상세히 작성했으며, 사무실에서는 아웃룩 캘린더에 앞으로 있을 업무 일정을 기록했다.

하지만 데이비드 알렌이 쓴 《끝도 없는 일 깔끔하게 해치우기》를 읽고 난 뒤 그의 방법론을 받아들여 내 모든 일정, 계획, 행사, 목록은 물론 갑자기 생긴 약속까지 디지털 통합 일정관리 시스템인 노즈비에 통합했다. 노즈비 외에 분더리스트, 옴니포커스, 애플 리마인더 같은 다양한 시스템이 있으며, 일정관리에 사용하는 기능은 사람마다 다르다.

여하튼 개인적인 업무부터 직장 업무에 이르기까지 모든 일과 인생을 맡길 만한 믿음직한 시스템을 찾는 것이 중요하다. 모든 내용을 한군데로 모으면 생활을 정리하는 일이 굉장히 쉬워진다.

모든 문서, 파일, 폴더 통합하기

2007년 나는 대학을 졸업하면서 몇 년간 사용할 수 있으리라는 생각으로 커다란 목재 서류 수납장을 장만했다. 하지만 1년도 채 지나지 않아 종이를 거의 사용하지 않으면서 서류 수납장은 텅 비었다. 디지털 문서, 파일, 폴더를 한군데로 통합한 일은 대학을 졸업한 이후 몇 달 만에 내린 현명한 결정이었다. 이후로 나는 비록 저장 방식은 바꿨지만 똑같은 시스템을 여전히 잘 사용하고 있다.

아직도 문서, 파일, PDF 문서, 스캔 문서, 영수증 등을 한군데에 보관하지 않는다면 정리 방식을 바꿔보라. 그러면 인생이 달라질 것이다. 모든 것을 한눈에 파악하면 예전에 경험하지 못한 통제력이 생긴다. 또한 비슷한 내용을 하나로 합치고 이중으로 저장했거나 오래된 문서는 지울 수 있기 때문에 시간 손실이 엄청나게 줄어든다.

디지털 문서 저장 서비스로는 드롭박스, 구글 드라이브, 마이크로소프트사의 윈드라이브 등이 있다. 나는 구글 드라이브를 사용하지만 필요에 따라 자신에게 가장 잘 맞는 시스템을 선택하는 것이 좋다. 특히 디지털 문서 저장 서비스는 오래된 파일도 보관이 가능한 새로운 종류의 서류함으로 필요한 문서를 쉽게 찾는 동시에 대용량 파일을 편리하게 저장할 수 있다. 더구나 훌륭한 백업 시스템을 함께 제공하기 때문에 중요한 내용을 분실할 염려가 없다.

모든 문서를 한곳에 통합해 보관함으로써 종이를 사용하지 않는 방식을 최대한 활용하라. 이 방식은 세심하게 계획해서 만든 시스템의 중요성을 한층 더 가치 있게 만들어준다. 충분히 시간을 들여 일정을 정리하면서 문서를 효율적으로 정리해보자.

작성한 글, 메모, 생각 통합하기

아주 오래전 우리는 아이디어를 기록하거나 인상적인 기사를 스크랩해서 서류 수납장에 보관했다. 감사하게도 지금은 그런 원시적인 시대에서 벗어나 순식간에 어떤 파일에라도 접속할 수 있다.

문제는 당신이 가치 있는 정보를 효율적으로 정리할 수 있는 편리한 기능을 사용하느냐 마느냐에 있다. 방금 우리가 살펴본 문서 저장 시스템을 활용하는 것도 좋지만 다른 방법이 당신에게 훨씬 더 효과적일 수도 있다.

나는 떠오른 생각, 메모, 글을 매일 에버노트에 작성해서 저장해

두고 열어본다. 물론 에버노트 외에도 여러 가지 저장 시스템이 있으므로 각자 선호하는 방식을 활용하면 된다. 나는 인생 목표와 분기별 계획을 관리하고 블로그에 새로 게시할 아이디어나 팟캐스트 소재를 에버노트에 저장한다. 또 과거에 성공한 일과 글로 남겨두고 싶은 추억도 기록한다.

핵심은 중요한 정보를 관리하고 새로운 정보를 쉽게 추가하며 이를 영구적으로 저장해 신속하게 열어볼 수 있는 시스템을 마련하는 데 있다. 디지털 기기에 내장된 편리한 기능을 활용하면 하룻밤만에도 생산성을 높일 수 있다.

그렇다면 번뜩이는 아이디어가 떠올랐을 때 즉각 기록할 방법으로는 무엇이 좋을까? 나는 밤에 아이디어가 떠오를 때를 대비해 침대 옆에 메모지를 놓아두고, 샤워할 때는 방수가 되는 아쿠아 노트를 사용한다. 좀 과하다고 생각할지도 모르지만 이 방법은 효과 만점이다. 샤워시간이 그리 길지 않지만 나는 순간적으로 떠오른 생각을 기억에 의존하지 않고 모두 확실하게 낚아채고 싶다.

이처럼 나는 새로 떠오른 생각을 노트·포스트잇·아쿠아 노트 같은 종이에 기록한 다음 에버노트, 일정관리 도구, 캘린더처럼 익숙한 디지털 기기에 옮긴다. 그러면 종이 없는 생활방식을 유지하는 동시에 미리 적어놓은 아이디어를 잊을 가능성이 줄어든다.

전략 둘, 머리에 불이 붙은 것처럼 집중하기

활용 가능한 모든 자원을 정리하면 놀라울 정도로 효과가 향상되고 또 중요한 자료를 찾아보기도 쉽다. 여기에 더해 인생 목표를 실현하려면 불필요한 장애물을 모두 제거하고 목표에 집중하는 자세가 필요하다. 생산성을 높이고자 할 때 우선순위가 가장 높은 일에 집중하는 핵심적인 기술 세 가지가 있다.

첫째, 정해진 시간을 일정으로 계획함으로써 집중력을 높인다.

둘째, 잡념 없이 혼자 있을 시간을 낸다.

셋째, 한 번에 한 가지 업무를 처리한다.

계속해서 집중할 수 있는 나만의 시간 계획하기

이 책에서 꼭 한 가지 방법만 배울 생각이라면 하루를 꼼꼼하게 계획하는 법을 배우기 바란다. 두 가지 방법을 배우고자 한다면 인생 목표를 충실히 준비하기 위한 나만의 집중시간을 추가하길 권한다.

나만의 집중시간이란 어떤 방해도 받지 않고 중요한 업무를 할 수 있도록 미리 정해둔 시간이다. 이는 방해요소를 제거하는 효과적이고 강력한 전략으로 업무의 질을 높여주는 환경을 마련하며 창의적으로 깊이 생각하는 기회를 준다.

나만의 집중시간을 실천하는 핵심은 고정된 시간을 마련하는 것이다. 사람들은 대부분 이 지점에서 실패하지만 이제 겨우 시작 단계일 뿐이다. 반드시 시작 시간과 끝나는 시간을 정한 뒤 확실히 표시를 해둬야 한다. 자기 자신과 절대로 깰 수 없는 중요한 약속을 한 것이라고 생각하자. 혹시라도 그 시간과 약속이 겹칠 경우 정중히 거절해야 한다.

가장 좋은 방법은 자신과 한 약속시간을 이상적인 평일 계획에 넣어 일정을 반복적으로 지정하는 것이다. 앞 장에서 작성한 이상적인 평일 계획으로 돌아가 인생 목표를 성취하기 위한 집중시간 90분을 추가해서 수정하자. 90분은 단지 내 제안일 뿐이며 보통은 프로젝트를 상당히 진척시킬 정도로 깊이 집중할 시간이 필요하다. 평상시 업무 일정이 집중을 방해하는 요소로 넘쳐난다면 짧은 시간만 깊이 집중해도 업무 성과를 크게 개선할 수 있다.

방해 없이 혼자 있는 시간 갖기

최근 몇 년 동안 기술이 폭발적으로 발전하면서 사회는 쉬지 않고 대화하는 환경으로 바뀌었다. 특히 휴대전화 알림 소리가 끊임없이 울리고 업무가 장소의 구애를 받지 않으면서 하루 24시간 내내 응대가 가능해졌다. 결국 시간을 엄격하게 관리하기가 예전보다 훨씬 더 어려워졌다. 대다수가 언제나 접속 상태를 유지하는 상황이라 늘 곧바로 답변을 받을 수 있을 거라고 기대한다.

그렇지만 나만을 위해 집중하는 시간에는 이러한 접속을 무시해야 한다. 즉, 현재 가장 중요한 문제를 제외하고 외부 접속을 일제히 차단해야 한다. 끊임없이 집중을 방해하는 환경으로부터 자신을 완벽하게 고립시키면 혼자 있는 시간에 집중할 수 있다.

자신을 고립시켜 혼자 있는 시간을 만들자. 도망가서 숨어라. 필요한 것 외에는 아무것도 없는 적당한 장소를 찾아라. 나는 혼자 있는 장소로 도서관을 추천한다. 노트북과 헤드폰을 들고 간식을 챙겨 도서관 맨 위층에 가서 일할 때 업무 효율이 가장 높다. 그래서 나는 도서관 맨 위층 가장 구석진 곳의 아늑한 장소에 푹 파묻혀 일한다.

한술 더 떠 나는 휴대전화, 이메일 등 불필요한 장치를 아예 꺼버린다. 나 역시 다른 사람 못지않게 소셜 미디어를 즐기지만 업무에 집중해야 하는 시간에는 그것을 피하려 노력한다. 업무 외에 다른 일에 한눈팔지 않도록 웹사이트를 차단하는 프로그램을 컴퓨터에 설치해 큰 효과를 보기도 했다.

훌륭한 습관은 이런 식으로 들여야 한다. 리마인더를 확실히 갖추고(웹사이트 차단하기) 습관을 실천해(업무에 열중하기) 그 보상으로 성공을 경험(업무를 성공적으로 끝내기)하라. 심지어 페이스북을 차단해서라도 일정에 차질이 없도록 모든 수단과 방법을 동원하라.

혼자 있을 때 나는 세상에 존재하지 않는 사람이나 마찬가지다.

아무도 나를 찾지 못하고 내게 전화할 수도 없기 때문이다. 그러면 업무의 질이 그 어느 때보다 높아진다. 차단이라는 방법은 내 업무와 잘 들어맞았다. 그렇지만 상황은 사람에 따라 다를 수 있으므로 자신에게 적합한 방법을 찾아보자. 세상을 멀리하고 당장 당신의 모든 기운, 집중, 관심을 눈앞에 놓인 업무에 쏟아 붓자.

한 번에 하나씩 처리하기

놀라울 정도로 집중력을 높이는 세 번째 방법은 한 번에 한 가지 일을 처리하는 것이다. 뇌 기능을 최대한 발휘하려면 머릿속 생각이 같은 방향으로 흘러가야 한다. 따라서 한 번에 여러 가지 업무를 처리하려는 시도는 헛된 노력이나 다름없다. 멀티태스킹은 근거 없는 믿음이며 오히려 업무에 완전히 몰입해 창의적으로 생각할 수 있는 능력을 심각하게 방해한다.

한 번에 한 가지 일만 처리하는 것도 어렵지만 처음에 집중할 업무를 선택하는 일은 훨씬 더 어렵다. 특히 우선순위가 많을 경우 가장 중요한 단 하나에 집중할 수 있는 방법이 필요하다. 《원씽》The ONE Thing 을 공동 집필한 게리 켈러Gray Keller 와 제이 파파산Jay Papasan 은 책에서 내가 이전에 미처 생각지 못한 강력한 질문을 던졌다.

"내가 할 수 있는 단 한 가지 일이자 다른 모든 일을 훨씬 더 수월하게 해줄 일은 무엇인가?"

특히 업무가 너무 바빠서 결과에 변화를 주는 단 몇 가지에만 집중해야 할 때 이 질문은 발상을 바꿀 계기를 제공한다. 또한 이 질문은 나만의 집중시간에 해야 할 일을 선택하는 것 이상으로 폭넓게 적용이 가능한 시작지점이다. 그러니 이 질문이 미치는 영향력을 고려해 가장 적절한 선택을 함으로써 빨리 다음 단계로 넘어가자.

그렉 맥커운Greg McKeown도 《에센셜리즘》Essentialism에서 올바르게 선택한 한 가지가 다른 선택보다 더 나은 이유를 명확히 설명하고 있다. 맥커운은 "확실히 '그렇다'라는 생각이 들지 않으면 과감하게 거절하라."라고 말하며 어떤 상황에서도 적용 가능한 개념을 제시하고 있다.

다음에 어떤 일을 해야 할지 말아야 할지 망설여진다면 두 번 생각할 것 없이 확신이 가는 쪽을 선택하라. 혹시 의심이 간다면 확신이 생길 때까지 계속 살펴보자.

전략 셋, 이퀄리브리엄 제로

업무시간 동안 일에 매진하다 보면 슬슬 정리할 시간이 다가오고 어느덧 퇴근시간이 된다. 나는 가급적 가장 간단한 방법으로 하루를 정리하는 모든 전략을 실행하기 위해 '이퀄리브리엄 제로'라는 개념을 만들었다.

이퀄리브리엄 제로는 '받은 메일함 제로', '프로젝트 관리 제로',

'사무실 책상 제로', '집안일 제로'로 일을 나눠 설명하기 위해 내가 만든 말이다. 이 개념을 실행하면 오늘 마무리한 일을 파악하는 동시에 내일을 시작하는 데 필요한 준비를 하며 기분 좋게 하루를 마감할 수 있다.

'균형'이란 상반된 힘이 수평을 이뤄 한쪽으로 기울지 않고 안정적인 상태를 말한다. 균형과 안정을 이룬 마음 상태로 다음 날 하루를 계획한 대로 시작하려면 오늘 하루를 잘 마무리해야 한다.

받은 메일함 제로

받은 메일함을 해야 할 일 목록으로 착각하지 말자. 할 일을 관리하는 것은 일정관리 도구의 역할이다. 하지만 매일 받은 메일함에 읽지 않은 메일이 남아 있지 않도록 최소한의 노력은 해야 한다. 오늘 이미 읽은 이메일 열 개에 대한 회신을 내일 해야 한다는 뜻은 아니다. 지난 24시간 동안 도착한 모든 메일을 목적에 맞게 적절히 처리해 메일을 남기지 않아야 한다.

당신의 받은 메일함이 통제 불능 상태라면 생산성 전문가 멀린 맨Merlin Mann이 처음 도입한 '받은 메일함 제로' 방법을 활용해 메일함을 깨끗이 비우는 것이 좋다. 우선 받은 메일함을 완전히 비우도록 나만의 집중시간을 계획하자. 필요에 따라 일정을 늘리고 매일 정해진 시간에 메일을 전부 처리한다.

이메일을 처리하는 방법:

① 답변할 필요가 없는 스팸 및 광고성 메일을 삭제한다.

② 빠른 회신 혹은 정해진 시간 안에 회신이 필요한 메일을 처리한 뒤 삭제하거나 해당하는 폴더에 저장한다.

③ 회신을 위해 특별한 노력 및 추가 자료 조사가 필요하거나 업무로 처리해야 하면 발신자에게 최종 회신이 언제 가능한지 미리 답장을 보낸다. 그리고 일정관리 도구에 일정을 추가하고 별도로 분류한 이메일 폴더에 메일을 저장한다.

④ 받은 메일함이 빌 때까지 1번부터 3번까지 계속 반복한다.

이메일이 쌓이지 않게 하는 방법:

① 불필요한 뉴스레터는 수신 거절한다.

② 동료들에게 '받은 메일함 제로' 만들기를 우선순위에 두고 있음을 알리고 공유한다. 동료들이 함께 이 법칙을 충실히 지키면 불필요하게 주고받는 이메일을 줄일 수 있다.

③ 매일 이메일을 처리하는 시간을 따로 내 일정에 추가하고 하루에 한 번 받은 메일함 제로를 만든다.

④ 이메일을 확인하는 작업이 밀렸다면 나만의 집중시간에 따로 처리하도록 일정에 포함한다.

이메일을 너무 많이 받아 혼자 처리할 수 없을 경우 이메일 정리 일정을 조정하는 방안을 고려한다. 이메일 분류 작업을 도와줄 사람을 고용하는 방법도 생각해보자.

빠르고 효과적인 의사소통은 생산성을 높이는 중요한 수단이다. 받은 메일함 제로 법칙을 실천하면 함께 일하는 동료에게 인정받을 뿐 아니라 업무 및 프로젝트를 완수하는 능률도 올라간다.

프로젝트 관리 제로

나는 일을 끝내지 못해 찜찜한 마음으로 잠자리에 드는 것을 몹시 싫어한다. 그래서 이를 방지하기 위해 최우선순위에 오른 작업만 일정으로 짜서 하루가 가기 전에 제대로 마무리할 수 있는지 확인하고 업무를 시작한다.

프로젝트 관리 제로란 다음 업무로 넘어가기 전에 현재 작업 중인 업무나 프로젝트를 완벽히 끝내는 약속을 말한다. 앞서 말했듯 멀티태스킹은 금물이고 한 번에 한 가지 업무를 처리하는 것이 제일 좋은 방법이다. 프로젝트 관리 제로를 실천할 경우 한꺼번에 너무 많은 일을 벌여 주체하지 못하는 상황이 발생하지 않도록 해야한다. 그래야 한 번에 한 가지 프로젝트에 집중할 수 있다.

여러 가지 일을 벌여 놓으면 집중하기가 어렵다. 그러다 보면 단한 가지도 제대로 끝내지 못한다. 미래 목표를 향해 나아가기 위해서는 다른 것을 시작하기 전에 현재 하는 중요한 일을 완벽하게 마무리해야 한다. 일정관리 도구나 메모장에 적는 습관을 활용해 미래에 빛날 아이디어를 모두 목록으로 작성하자.

현재의 프로젝트를 깔끔하게 끝내는 순간을 하루를 마무리하는 시점으로 삼고, 적당한 시간을 정해 다음 프로젝트 일정을 계획한다.

사무실 책상 제로

업무용 책상도 받은 메일함처럼 생각해보자. 하루 일정을 마무리할 즈음 책상을 깔끔하게 정리해야 한다. 받은 메일함 제로와 달리 사무실 책상 제로에는 컴퓨터, 키보드, 마우스, 스탠드처럼 몇 가지 물건이 언제나 같은 자리에 놓여 있다.

내 서재의 책상 위에는 몇 가지 정해진 물건이 있는데 내가 어떤 프로젝트를 진행하든 그것은 항상 같은 자리에 있다. 한 가지 업무를 끝내거나 하루를 마감할 때마다 나는 늘 놓여 있는 물건 외에 프로젝트에 사용한 여러 가지 자료를 책상에서 모두 치운다.

덕분에 내 책상은 언제나 깨끗하게 정리되어 있다. 드물게 책상 위가 서류로 지저분한 경우도 있지만 가급적 다음 작업을 시작하기 전까지 신속하고 효율적으로 정리한다.

'사무실 책상 제로'를 철저히 지키는 것은 침대를 깨끗이 정리하는 것과 같은 원리다. 깨끗하게 정리정돈하면 보기만 해도 기분이 좋아진다. 당신은 늘, 아니면 최소한 하루에 한 번은 기분이 좋아질 만큼 청결함을 유지하는 것을 목표로 삼아야 한다.

주거 환경 제로

주거 환경 제로 역시 매일 집과 사무실을 깔끔하게 정리하자는 다짐이다. 미처 깨닫지 못할 수도 있지만 모든 물건은 그에 맞는 자기 자리가 있게 마련이다. 주거 환경 제로를 실천하기 위해서는 제일 먼저 소유한 물건이나 사용하는 물건이 제자리에 있는지부터 파악해야 한다.

사무실에는 파일, 폴더, 사무용품, 가구가 있고 그 밖에 서류 보관함과 서랍에 들어 있는 프로젝트 자료도 있다. 집에는 주방도구, 아이들 장난감, 의류 그리고 특정 장소에 놓인 살림살이가 있다.

하루를 완벽하게 보낸 날에는 모든 물건이 제자리에 놓여 있는 모습을 확인하고 안심하며 잠자리에 들 것이다. 이런 상황이 계속되면 주변 환경이 놀라울 정도로 깨끗이 정리되어 바로 다음 날 아침부터 지체 없이 프로젝트를 시작할 수 있다. 항상 어수선한 환경에 익숙해져 있는 사람이라면 이것이 실현 가능성이 낮은 헛된 꿈처럼 느껴질지도 모르지만 절대 그렇지 않다.

생산성 전략 종합 정리

지금까지 살펴본 내용을 요약하면서 다음의 상황을 상상해보자.

당신은 동틀 무렵에 일어나 먼저 일정관리 도구인 노즈비를 켠다. 노즈비는 오늘의 운동과 명상 일정을 알려주고 당신은 이상적인 아침 일과 중 하나로 오늘 우선시해야 할 업무를 파악한다. 이어 구글 드라이브에 저장한 디지털 문서를 열고 이번 분기에 세운 중요한 목표를 성취하기 위해 작업하면서 오늘 일정에 잡혀 있는 나만의 집중시간을 사용한다. 집중시간이 반쯤 지났을 때 에버노트에 새로 떠올린 아이디어를 몇 가지 기록한다.

하루에 이런 행동을 몇 차례 반복하는 한편 받은 메일함 제로를 만들고 책상 위를 치워 사무실 책상 제로도 실현한다. 미처 처리하지 못한 일을 끝내 프로젝트 관리 제로를 달성한 뒤 집과 사무실에 늘어놓은 프로젝트 관련 자료를 깨끗하게 치움으로써 주거 환경 제로를 만든다. 마지막으로 내일 해야 할 일을 검토한 뒤 이상적인 저녁 일과로 좋아하는 책을 잠깐 읽고 하루를 마무리한다.

이제 인생 목표를 분기별 계획표와 확실히 연결하고 분기별 계획표에 맞춰 건강한 습관, 이상적인 평일 계획, 아침 및 저녁 일과를 계획했다. 여기에다 자료 정리, 집중, 이퀼리브리엄 제로 같은 효과적인 생산성 전략을 살펴보았으니 당신은 분명 하루를 완벽하게 지배할 수 있을 것이다.

잠깐, 아직 끝나지 않았다!

이어지는 두 장에서는 전략적 검토 시스템, 책임파트너 회의 그리고 매우 중요한 진행 상황을 파악하는 방법을 설명한다. 동시에 아침 5시 설계도를 최대한 활용하는 고급 전략을 소개한다.

솔직한 조언

많은 것이 늘 좋은 것은 아니다

지금까지 많은 것을 전달받으며 어쩌면 부담을 느꼈을지도 모른다. 당신이 느끼는 부담을 조금이나마 덜어주고 싶다. 이 책에 나오는 모든 내용을 다 할 필요는 없다!

우리가 경험하는 모든 것에서 유일하게 필요한 전략은 기초를 튼튼히 다지는 일이다. 많은 전략을 쓴다고 문제가 해결되는 것은 아니다. 생산성 세계에는 실천해야 하는 전략, 탐구해야 하는 아이디어, 다운로드해야 하는 애플리케이션, 참석해야 하는 세미나, 사서 읽어야 하는 책이 항상 많다.

이 책의 마지막 부분에 나는 책에 소개한 아이디어의 실천 과정을 설명하는 '액션 플랜'을 소개하고 있다. 어떤 전략을 수용할지는 당신에게 달려 있지만 짐작컨대 소개한 전략 중 두세 가지만 기억해도 충분할 것이다.

물론 나는 이 책에서 소개하는 원칙, 도구, 전략을 바탕으로 생활하고 있으며 그것은 오랜 시행착오를 거쳐 얻어낸 결실이다. 하루를 최대한 활용하기 위해 사소한 부분까지 세심하게 신경 쓰더라도 결국 차이를 만드는 것은 기본적인 몇 가지다.

이 책의 진짜 목표는 당신 스스로 기초를 다지도록 하는 데 있다. 탄탄한 기초는 인생이 혼란스럽고 일이 쌓여 정신이 없을 때마다 당신이 나아갈 길을 밝혀주는 등대 역할을 한다. 결국에는 단순함이 승리한다.

핵심요약 생산성 전략

1. 모든 것을 몇 가지 시스템으로 통합하면 인생이 한눈에 보이고 조정을 할 수 있고 보다 효율적으로 정리할 수 있다.

2. 나만의 집중시간을 일정에 포함하는 전략은 업무를 보다 신속하게 해내는 현명한 방법이다.

3. 이퀄리브리엄 제로 전략을 생활 전반에 걸쳐 꾸준히 실천하면 공간이 깨끗해지고 머릿속이 정리되면서 프로젝트나 이메일에 따른 혼란을 전부 막을 수 있다.

4. 모든 전략을 한데 모으면 진정한 의미에서 하루를 지배할 수 있다.

제9장

뛰어난 성과 검토

생활을 검토, 평가, 관리하는 방법

> 불행한 사람은 비효율적인 시스템으로 비생산적인 결과를 얻어 그것을 수습하느라 인생을 제대로 관리하지 못한다. 반면 행복한 사람은 효율적인 시스템으로 생산적인 결과를 얻고 즐기며 인생의 주도권을 쥔다.
>
> **샘 카펜터**Sam Carpenter_《시스템의 힘》Work the System **저자**

내가 대학생활을 잘해낸 이유는 수업 첫 시간에 교수님이 나눠준 수업계획서 덕분이다. 계획서에는 한 학기 동안 해야 할 과제, 시험 일정, 학기 중에 시행할 활동까지 모든 것이 시간 순서대로 기록되어 있었다.

당시 내가 좋아한 제프리 비텐글 교수는 수업계획서를 만드는 귀재였다. 어찌나 자세하고 명확하게 계획서를 만드는지 수업을 빼

먹지 않는 한 그의 강의에 집중하지 않을 수 없었다. 그렇다고 수업이 쉬웠을 것이라는 오해는 하지 않길 바란다. 아무튼 수업은 계획서에 맞춰 확실하게 이뤄졌고 모호하거나 헷갈리는 내용은 전혀 없었다. 그리고 모순도 없었다. 비텐글 교수는 수업 진행 방식을 구체적으로 계획하는 능력이 뛰어났고 매번 학생들과 함께 배운 내용을 검토했다.

그처럼 완벽한 계획서에 따라 다른 학생들과 진행 상황을 비교하며 공부하다 보니 잘할 수밖에 없었다. 당신도 분기별 목표를 세울 때 이 사례를 따라 할 수 있다. 당신에게는 스스로 책임감을 느끼고 모든 요소가 일관성 있게 제대로 흘러가는지 확인할 수 있는 확실한 검토 시스템이 필요하다.

6단계: 진행 상황 검토

아침 5시 설계도의 6단계는 진행 상황 검토다. 우선 아침식사 전에 하루를 지배하는 방법을 찾았다면 그 과정을 계속 반복하는 것이 중요하다.

이번 장에서는 검토 시스템을 소개하는데 이는 당신이 끌어올린 생산성을 장기적인 관점에서 검토, 평가, 유지하는 방법이다. 목표를 일정대로 순조롭게 성취하려면 일일 검토, 주간 검토, 월간 검토,

분기별 검토, 연간 검토를 포함한 검토 시스템이 꼭 필요하다. 그 검토 내용을 관리하는 방법도 중요한데 여기서는 문서로 관리하는 방법, 책임파트너와 함께 정한 기간별로 진척 상황을 확인하는 방법을 살펴보겠다.

일일 검토

매일 진행하는 업무의 진척 상황 및 성취도를 확인하는 방법에는 여러 가지가 있다. 나는 일정관리 도구와 캘린더 애플리케이션을 사용해 언제 무슨 일을 할지 파악해야 한다고 강조했지만, 밤이 되면 하루를 돌아보며 실제로 어떤 일을 끝냈는지 확인하는 것도 반드시 필요한 일이다.

일일 검토는 당신이 실제로 사용하는 시스템을 활용하는 것이 가장 무난하다. 여기서는 내가 효과를 본 문서 검토 방법인 사인필드 전략을 소개하고 있으나 그 전략을 따르든 다른 어떤 방법을 사용하든 효과가 있다면 어느 것이든 상관없다.

유명한 코미디언 제리 사인필드Jerry Seinfeld에게는 소문난 습관 하나가 있다. 그것은 매일 떠오르는 개그 소재를 여기저기 적어놓는 습관이다. 적어놓은 개그 소재를 사용한 날에는 종이 달력에 커다랗게 빨간색으로 ×표를 한다. 사인필드는 달력에 하루도 빠지지 않고 빨간색으로 ×표를 가득 채우겠다는 목표를 세웠다. 그 흐름을 이어가고 싶다는 단순한 동기에 의해 사인필드는 매일 개그 소재를 적어 무대에 올랐다.

여기서 한 가지 사실을 밝히겠다. 나는 오랫동안 사인필드 전략을 활용했으니 이 책을 위해 조사하면서 실제로 사인필드는 그런 기법을 사용한 적도, 개발한 적도 없다는 사실을 알아냈다. 사인필드는 개발자로 주목받는 것을 즐겼을 뿐 정작 누가 개발했는지 아는 사람은 없다.

설령 그럴지라도 이 기법 자체는 강력하고 효과가 크므로 생산성을 높이고 싶다면 활용해볼 가치가 충분하다. 다음에 소개하는 '일일 의식 및 습관 기록' 표는 인생 목표와 연결된 가장 중요한 생활습관을 매일 떠올리게 해주는 역할을 한다.

일일 의식 및 습관 기록										
주	월	화	수	목	금	토	일	실천	목표	합계
아침 5시 기상	1	1	1	1	1			5	5	0
10분 명상	2	1		1		1	1	6	7	-1
물 1리터 마시기	2		1	2		1		6	7	-1
4킬로미터 조깅	1			1	1		1	4	5	-1
30분 독서	1	1	1	1		1	1	6	6	0
							총계	27	30	-3

자신의 습관을 기록할 때는 다음 단계를 순서대로 진행하자.

1. 양식의 왼쪽 맨 위에 이번 주 날짜를 적는다. 같은 양식을 매 주 한 부씩 복사해 분기별 관찰기록과 합쳐 문서를 하나로 만들어놓으면 편리하다.
2. 가장 중요한 하루 습관은 왼쪽 빈칸에 기록한다. 가급적 자세하게 적자. 기상시간, 명상시간, 마시는 물의 구체적인 양까지 정확히 적은 내 기록을 참고하길 바란다.
3. '목표' 칸에 매주 습관을 몇 회 반복해서 실행할지 숫자를 적

는다. 습관마다 실천하는 목표 횟수가 다를 수 있다. 목표는 실현 가능한 범위 내에서 욕심껏 설정하자.

4. 실행한 횟수만큼 양식에 기록할 수 있도록 매일 구체적인 시간을 정해놓자. 많은 사람이 이상적인 저녁 일과에 습관을 기록하는 과정을 넣는다.

주말에 주간 검토를 하면서 한 주 동안 진척 상황을 확인하고 다음 주에 수정사항을 반영한다.

주간 검토

원대한 인생 목표를 이루기 위해 나만의 집중시간을 일정에 포함했다면 그다음 단계로 실행해야 하는 주간 검토를 절대 빼놓지 마라. 딘 한 번이라도 주간 검토를 성공적으로 실행할 경우 전체 일정, 산더미처럼 쌓인 업무, 좋아하는 습관, 지켜야 하는 약속을 전반적으로 명확하게 돌아볼 수 있다.

주간 검토(2017년 3월 6일~3월 12일)		
성공 및 성과		
1		
2		
3		
실패		
1		
2		
3		
수정사항		
1		
2		
3		

주간 검토는 조금도 복잡하지 않으며 많은 시간을 낼 것도 없이 일주일에 1~2시간이면 충분하다. 하지만 얻을 수 있는 혜택은 깜짝 놀랄 정도다.

나는 주간 검토 과정을 체계적으로 실행하기 전부터 상당히 생산적인 사람이었다. 즉, 상황이 어떻게 흘러가고 있는지 대부분 파악하고 일정도 제법 순조롭게 지켰다. 그러나 업무, 프로젝트, 일정, 목표, 약속을 체계적으로 검토하기 시작한 이후 내 집중력과 결과는 극적으로 향상됐다.

주간 검토 과정은 간단하면서도 단도직입적인 질문을 하는 것은 물론, 중요한 업무를 계획하고 끝까지 결과를 도출하는 데 필요한 조정 사항을 정리하도록 만든다.

다음에 소개하는 일곱 가지를 빠짐없이 수행하기 위해 일주일에 한 번 2~3시간의 일정을 비워놓자. 규칙적이기만 하면 언제 해도 상관없다.

① 제7장에서 소개한 이상적인 일주일 서식을 검토하자. 전체적인 관점에서 일정별로 시간을 제대로 설정했는지, 현재의 생활방식을 정확히 반영하는지 확인하자.

② '일일 의식 및 습관 기록'에 넣은 습관을 검토해보자. 계속 포부를 키우고 현재 설정한 목표와의 일치를 위해 습관을 추가 혹은 제거하거나 수정한다.

③ 제5장에서 작성한 분기별 목표 노트의 진행 상황을 최신 정보로 수정하자. 지난주에 끝낸 일을 적고 분기별 목표에 따라 다음 주에 해야 할 일을 명확히 목록으로 작성하자.

④ 주간 검토 기록을 완성하자. 직접 만든 서식을 사용하거나 JeffSanders.com/studio 홈페이지에서 제공하는 서식을 내려받아 사용해도 좋다. 지난주의 일을 떠올리며 신중하게 각

각의 질문에 대답해보자.

⑤ 눈에 잘 띄는 장소에 한 주에 성취한 목표 세 가지를 적어서 붙여둔다. 나는 서재에 비전 보드를 걸어놓고 커다란 포스트 잇에 내 주간 목표를 기록해 붙여둔다. 포스트잇을 보면 이 번 주에 중요한 일이 무엇인지 다시 떠올라 거기에 집중할 수 있다.

⑥ 일정관리 도구와 캘린더에 이번 주에 계획한 중요한 목표 세 가지를 저장한다. 그리고 이번 주에 계획한 나만의 집중시간 을 가장 중요한 주간 목표를 달성하기 위한 일에 활용한다. 집중시간 앞뒤로 다른 약속이 있으면 바꾸도록 하자.

⑦ 향후 몇 주 동안 해야 할 모든 업무, 일정, 프로젝트, 약속을 검토하자. 계획에 시간을 더 많이 할애할수록 실행하면서 낭 비하는 시간을 줄일 수 있다. 확신이 들 때까지 캘린더에 잡 힌 일정을 충분히 검토한다. 일정에 조금이라도 의심이 생긴 다면 다시 앞으로 돌아가 계획을 다시 세우자.

나는 위에 소개한 일곱 가지를 체크리스트 형식으로 작성해 일 정관리 도구에 반복 알람으로 설정했다. 예를 들면 나는 월요일 아 침마다 책임파트너와 함께하는 영상통화를 위해 매주 일요일 저녁 체크리스트를 훑어보며 각 단계를 빠짐없이 기록한다.

책임파트너와 함께하는 주간 회의

오랫동안 나는 매트 프레이저가 운영하는 홈페이지 노미트애슬
릿닷컴NoMeatAthlete.com의 이웃으로 활동해왔다. 팟캐스트 진행을 위
해 프레이저에게 인터뷰를 요청한 적이 있는데, 그것이 인연이 되
어 프레이저로부터 책임파트너가 되어달라는 요청을 받은 것이다.

그때까지 나는 목표 달성을 위한 동기부여 차원에서 누군가와 함
께 일대일로 작업해본 적이 없었다. 프레이저와 나는 몇 주에 걸쳐
파트너로서 얻고자 하는 구체적인 사항을 조정한 후 계속해서 좋
은 결과를 얻었다.

'책임'이라는 단어는 나쁜 행동을 한 무책임한 사람에게 무슨 일
이 일어날 것 같은 느낌을 준다. '책임지는'에도 책임져야 할 의무를
혼자 감당하지 못해 누군가가 옆에서 일을 마무리하도록 재촉해야
한다는 의미가 함축되어 있다.

하지만 내가 프레이저와 함께 나눈 경험은 그 반대였다. 책임이
란 일정대로 착실하게 진행하도록 뒤에서 살짝 등을 밀어 도와주
는 것이다. 하고 있는 일에서 죄책감을 느끼게 하자는 의도가 아니
라 오히려 친한 동료에게 진행 상황을 상담할 기회를 준다.

내게는 다음 월요일에 프레이저에게 진행 상황을 알려야 한다는
부담감이 일요일 저녁까지 모든 일정을 마무리하는 데 훌륭한 동
기부여로 작용했다. 프레이저는 노스캐롤라이나 주의 애슈빌에 살

고, 나는 테네시 주의 내슈빌에 살기 때문에 우리는 매주 월요일 아침 30분 동안 스카이프로 영상통화를 나누었고 이때 여러 가지 주제를 살펴본다.

지금부터 우리가 주간 책임파트너 회의에서 나누는 대화를 상세하게 소개하겠다.

- 성공 및 성과 지난주에 가장 성공적이었던 세 가지 일은 무엇인가? 무엇이 가장 만족스러운가? 새로운 일이나 특이한 일이 있었는가?
- 실패사례 지난주에 마무리하지 못한 일이 있는가? 어느 시점에 포기했는가? 어떤 목표에 실패했는가?
- 수정사항 지난주에 실패한 문제를 어떻게 바로잡을 것인가? 이번 주에 똑같은 실수를 반복하지 않으려면 어떤 계획을 세워야 하는가?
- 아하! 했던 순간 새로 떠올린 멋진 구상이 있는가? 어떤 생각이 흥미로운가? 독서나 세미나 참석 혹은 친구와 대화 중에 영감을 얻었거나 거기서 얻은 생각을 반영한 적이 있는가?
- 이번 주 목표 이번 주에 세운 세 가지 목표는 무엇인가? 목표를 이루기 위해 어떤 노력을 할 것인가?
- 자기계발 자료 이번 주에는 어떤 방법으로 자기계발을 할 것인

가? 지금 읽고 있는 책은 무엇인가? 참석하려는 세미나가 있는가? 듣고 싶은 방송, 팟캐스트, 오디오북이 있는가?

- 연습이 필요한 기술 지금 하는 일을 더 잘할 방법이 있는가? 어떤 기술을 갈고닦고 싶은가? 개발하고 싶은 새로운 기술은 무엇인가?

당신에게 책임파트너가 필요치 않다면? 주간 일정 검토가 혼자서도 가능하고 책임파트너와 상관없이 업무를 똑같이 완수할 수 있다면? 그래도 나는 매주 성취하려는 목표를 공유할 사람을 찾으라고 적극 권하고 싶다. 서로 의견을 제시하고 상대의 반응을 보는 흥미로운 경험을 통해 우리는 혼자 실행할 때보다 더 많은 발전을 이룰 수 있다.

팀 전략의 또 다른 예는 뛰어난 재주가 있는 사람들로 구성된 모임에 참가하는 것이다. 이것은 혼자 달성할 수 있는 목표보다 더 큰 목표를 더욱 빨리 달성하는 확실한 방법이다. 나아가 이 방법은 머리 좋고 포부가 남다른 사람들이 서로 성공하도록 영감을 나눌 기회를 제공한다.

내가 참가한 커뮤니티는 함께하면 혼자보다 더 좋은 성과를 낸다는 사실을 입증해줬다. 모임을 찾거나 직접 만들어보자. 당신과 당신의 인생 목표를 지지하는 사람들을 만나는 것이 좋다.

월간 검토

한 달은 각 분기의 3분의 1에 해당하고 한 번쯤 쉬어가며 지금까지의 성과를 검토하기에 좋은 타이밍이다. 물론 월간 검토는 주간 검토와 비슷하지만 질문이 좀 더 넓은 관점으로 구성된다는 것이 살짝 다르다.

월간 검토를 실행할 때는 다음의 내용을 순서대로 진행하자.

① 앞서 작성한 일일 의식 및 습관 기록을 검토한다. 이번 달에 어떤 습관을 꾸준히 실천했는가? 효과가 좋은 습관은 무엇인가? 가장 불규칙하게 실천한 습관은 무엇인가? 꾸준히 실천하지 못한 원인은 무엇인가?

② 분기별 목표 노트에 적어놓은 진행 상황을 검토해보자. 이번 분기가 끝날 무렵 목표 달성이 가능하도록 예정대로 진행되고 있는가? 필요한 경우 정상 궤도로 돌아가려면 어떻게 수정해야 하는가?

③ 월간 검토 기록을 완성하자. 독자적인 서식을 사용하거나 JeffSanders.com/studio 홈페이지에서 제공하는 서식을 내려받아 사용해도 좋다. 예전에 주간 검토 서식에서 기록한 답변을 참조하면 유용하다.

월간 검토(2017년 3월)
매일 꾸준히 실천한 일일 의식 및 습관
개선이 필요한 일일 의식 및 습관
보다 일관성을 유지하도록 다음 달에 해야 할 일
성공 및 성과

④ 다음 달에 달성하고자 하는 중요한 목표 세 가지를 선택하자. 이번 분기 목표 중 가장 중요한 목표를 선택한다.

⑤ 향후 몇 달 동안 해야 할 모든 업무, 일정, 프로젝트, 약속을 검토하자. 여행, 회의, 파티 초대, 모임을 비롯해 일정이 늘어지게 만드는 여러 가지 행사를 포함해 계획에 차질을 초래할 만한 일을 적어보자. 월간 검토 기록은 나중에 분기별 검토 때 필요하므로 잘 보관한다.

분기별 검토

분기별 검토는 지금까지 다룬 중요한 단계에서 마지막을 장식한다. 이론상으로 지금쯤이면 이번 분기 초반에 시작한 인생 목표를 성공적으로 이뤘어야 한다.

검토를 하면서 인생 목표를 성취하기 위해 지난 90일 동안 과연 충실하게 노력했는지 다시 한 번 돌아보자. 충분치 않았다면 아마 다음 분기는 좀 더 바쁘게 보내야 할 것이다.

분기별 검토(2017년 1월~3월)
성공 및 성과 Top 3
실패사례 Top 3
아해! 했던 순간 Top 3

분기별 검토를 빠짐없이 기록하려면 다음의 내용을 순서대로 진행해야 한다.

① 앞서 작성한 '일일 의식 및 습관 기록'을 참고해 습관을 수정한다. 목표를 달성하려면 이전 분기에 반영했어야 하지만 다음 분기에 도움이 되도록 이제라도 수정사항을 반영할 필요가 있다.

② 분기별 목표 노트에서 진행 상황을 확인한다. 이론상으로 지금쯤이면 이번 분기 초반에 시작한 인생 목표를 마무리하고 분기 동안 진행한 과정을 한번 돌아봐야 한다.

③ 분기별 검토 기록을 완성하자. 독자적인 서식을 사용하거나 JeffSanders.com/studio 홈페이지에서 제공하는 서식을 내려받아 사용해도 좋다. 예전에 작성한 월간 검토 서식의 답변을 참조하면 유용하다.

④ 다음 분기에 달성하고자 하는 인생 목표를 선택하자. 그리고 디지털 노트북 에버노트에 각 목표에 필요한 새로운 계획을 세운 다음 제5장에서 소개한 방법으로 목표마다 다음 할 일 목록을 작성하고 진행 기록 서식을 만든다.

⑤ 다음 분기에 해야 할 모든 업무, 일정, 프로젝트, 약속을 검토하자. 인생 목표를 이루도록 다음 분기에 필요한 나만의 집중 시간을 파악해 미리 일정에 넣자.

분기 마지막은 휴식을 취하거나 도심에서 벗어나 숲속의 작은 별장을 찾아가기에 좋은 시기다. 인생 목표를 계획할 때는 혼자 집중하는 시간이 꼭 필요하기 때문이다. 필요한 만큼 충분히 시간을 들여 제대로 계획하자.

연간 검토

지난 4분기 동안 분기별 계획표를 적용하고 착실하게 분기별 검토까지 마쳤다면 아마 연간 검토까지 할 필요는 없다고 생각할지도 모른다. 그렇지만 나는 지난 4분기를 돌아보며 1년 전에 세운 계획이 어떤 식으로 진행됐는지 전체적으로 살펴보는 것은 매우 가치 있는 일이라고 생각한다.

2017년 연간 검토
성공 및 성과 Top 3
실패사례 Top 3
아하! 했던 순간 Top 3

여기 1년에 한 번씩 자신에게 물어야 할 질문을 소개한다.

① 지난해에 가장 꾸준히 실천한 습관은 무엇인가? 막힘없이
   습관을 형성하도록 도움을 준 성공요인에서 어떤 교훈을 배
   웠는가?
② 작년에 거둔 중요한 성과는 무엇인가? 계획한 인생 목표에
   서 끝까지 이뤄낸 것은 무엇인가? 1년 전 오늘과 비교해 지금
   훨씬 더 나아진 부분은 무엇인가?
③ 분기별 계획표를 유용하게 활용했는가? 목표에 90일이 아니
   라 60일, 3개월이 아니라 6개월처럼 다른 기간을 적용했어
   야 하는가?
④ 연간 검토 기록을 완성하자. 독자적인 양식을 사용하거나
   JeffSanders.com/studio 홈페이지에서 제공하는 서식을 내
   려받아 사용해도 좋다. 예전에 분기별 검토 양식에서 기록한
   답변을 참조하면 유용하다.
⑤ 인생 목표를 수정해 새롭게 시작하자. 완벽을 꿈꾸는 세상에
   서 당신은 어떤 모험을 하고 싶은가?

한 해의 마지막 날은 잠시 쉬면서 한 해를 돌아보고 새로운 시작
을 계획하기에 좋은 시기다. 가까운 미래에 확실한 차이를 보여줄

현실적인 변화 과정을 여유 있게 받아들이자.

포기해야 할 때를 알자

갑자기 나타난 기회를 잡아야 할지 아닌지 어떻게 알 수 있을까? 당신이 더 큰 꿈을 품고 보다 생산적으로 일해 성취감을 높일수록 예상치 못한 기회를 맞이할 확률이 높다. 나 역시 내가 이 책을 집필하리라고는 꿈도 꾸지 않았다. 그런데 어느 날 갑자기 책을 쓸 기회가 찾아왔다.

출판사에서 내게 책을 써보라며 연락했을 때 나는 두 가지 사업을 운영하는 중이었고 태어나서 처음으로 내 집 마련을 앞두고 있었다. 한마디로 정신없이 바빴다.

그래도 쉽게 결심할 수 있었던 이유는 당시 분기별 계획표를 실행하고 있었기 때문이다. 매주 진행 상황을 검토했기에 당시 나는 내 상태를 잘 알고 있었다. 즉, 이미 끝낸 일, 앞으로 해야 할 일, 향후 몇 달 동안 내 계획에 지장을 줄 업무를 모두 파악하고 있었다.

나는 장기적인 인생 목표, 현재 추진 중인 계획, 계속 바뀌는 일정을 확실히 파악하려 열심히 노력했다. 덕분에 나는 책을 집필하는 일을 내 일정과 비교해가며 명료하게 결정을 내렸다. 이렇게 하는 것이 언제나 쉬운 일은 아니다. 그러나 현재 목표를 확실히 파악하고 있으면 보다 나은 선택을 위해 지금 하는 일을 언제 포기해야 하는지 더 쉽게 알 수 있다.

핵심요약 뛰어난 성과 검토

1. 당신에게는 자신의 목표를 파악해 가장 중요한 일에 집중해야 할 책임이 있다. 제대로 된 검토 시스템을 갖추면 이것은 식은 죽 먹기다.

2. 주간 검토는 가장 중요한 검토 과정이다. 주간 검토는 잠시 멈춰 서서 보다 넓은 안목으로 과정을 살펴보고 명확한 계획을 세워 다음 한 주에 다시 몰두하도록 준비하는 시기다.

3. 훌륭한 책임파트너는 당신이 인생 목표를 성취하고 곤경에 빠지지 않도록 도와준다. 당신이 믿고 의지할 수 있는 사람을 찾으면 궤도에서 크게 벗어나지 않고 계획대로 충실하게 실천할 수 있다.

제10장

아침 5시 전문가
성취도가 높은 사람에게 필요한 고급 전략

> 야망이 없는 사람은 아무것도 시작하지 못한다. 일하지 않는
> 사람은 어떤 것도 끝내지 못한다. 성공은 저절로 얻어지지 않
> 는다. 그것은 쟁취해야 한다.
> **랄프 왈도 에머슨**Ralph Waldo Emerson_미국의 사상가, 시인

몇 년 전 나는《터닝 프로》Turning Pro 라는 책을 읽고 심오한 깨달음을 얻었다. 짧지만 강한 메시지를 담고 있는 이 책에서 저자인 스티븐 프레스필드Steven Pressfield 는 인생에서 아마추어처럼 살다가 전문가로 전환하는 순간에 일어나는 미묘한 변화를 설명한다. 이것은 꽤 극적인 변화지만 그 중심을 들여다보면 결국 중요한 것은 의지력이다.

'전문가'라는 말에는 더는 아마추어 같은 행동을 하지 않는다는 뜻이 담겨 있다. 아마추어는 꼭 해야 하는 일을 하지 않고 기분 내키는 대로 행동한다. 또한 아마추어는 성공을 갈망하면서도 이를 쟁취하려 확실하게 행동하지 않고 그저 어렴풋이 희망만 품는다. 그뿐 아니라 아마추어는 명확한 포부를 품고 목표에 온전히 전념하기보다 꿈을 향해 불완전한 노력을 한다.

프레스필드는 책에 이렇게 썼다.

"'터닝 프로'는 우리의 일상을 완전히 바꿔놓는다. 아침에 일어나고 저녁에 잠자리에 드는 시간이 바뀌고, 해야 할 일과 하지 말아야 할 일에도 변화가 생긴다. 또한 참가하는 활동이 달라지며 참가하는 태도도 함께 달라진다. 읽는 책과 매일 먹는 식단도 바뀐다. 더불어 몸매도 변한다. 우리가 아마추어일 때 삶은 드라마의 연속이고 끊임없이 부정과 방해가 넘쳐난다. 이럴 때는 억제할 수 없는 한계점과 가슴 아플 정도의 공허감이 동시에 찾아온다. 그렇지만 이제 우리는 아마추어가 아니다. 우리는 달라졌고 주변에 있는 모든 사람이 우리가 달라졌음을 느낀다."

마찬가지로 아침 5시 전문가가 되려면 아마추어 상태에서 벗어나 성공을 목표로 하는 세계로 들어서야 한다. 아침 5시 전문가는 정해놓은 기상시간에 일어난다. 또 원하는 것을 확실히 알고 있으며 이를 기필코 성취하기 위해 꼼꼼하게 계획을 세워 준비한다. 아침 5시 전문가는 건강한 습관을 실천하고 하루하루가 얼마나 소중한지 알기에 전략적으로 하루를 완벽하게 보내고 싶어 한다.

아침 5시 전문가가 되기 위해 누군가의 허락을 받을 필요는 없으며 미리 정해진 결승점을 통과해야 하는 것도 아니다. 필요한 건 당장 인생 목표를 우선순위에 두고 열정적으로 노력하겠다고 결심하는 당신의 강한 의지다. 아침 5시에 일어나는 것은 당연히 인생에 도움을 주지만 이것 역시 내 주장일 뿐이다.

7단계: 고급 전략

마침내 아침 5시 설계도의 최정상인 7단계에 도달한 것을 축하한다. 이번 장에서는 아침 5시 설계도의 개념을 최대한 자신에게 맞춰 사용할 수 있도록 설계한 다섯 가지 고급 전략을 소개한다.

아침 일과, 생산성 시스템, 건전한 습관을 제대로 실천하고 있다면 고급 전략으로 현재 부족한 부분을 보충해 진행 과정을 개선할 수 있다. 특히 생산적인 생활을 하면서 단순히 더 발전하려는 목표를 세웠을 경우에는 고급 전략이 가장 효과적이다.

나는 생산성을 높이는 경험을 통해 한 단계 더 발전하고 성공에 대한 확신이 강해지는 고급 전략을 찾았다. 개인적으로 나는 모든 전략에 익숙한 편이지만 당신이 내가 소개한 전략을 모두 따라 해야 한다는 부담을 느낄 필요는 없다. 또한 빨리 익숙해지지 않더라도 위축될 이유가 없다. 시간은 충분하다.

'생각하는 시간'을 만들어라

삶은 자신이 생각하는 대로 된다. 우리의 목표, 태도, 성공 역시 우리가 생각하는 대로 된다.

처음에 자기계발을 시작하면서 나는 매우 훌륭하면서도 당연한 전략을 발견했다. 그 전략 덕분에 나는 생각하는 방법을 바꿨는데 지금은 그것이 생각해야 할 내용에까지 영향을 미치고 있다. 그 간단한 전략이 바로 '생각하는 시간 만들기'다.

현대 자기계발 시장에 뒤늦게 등장한 얼 나이팅게일은 자기계발

오디오 프로그램 '선두에 서라'Lead the Field를 개발했다. 나는 '선두에 서라'를 들으며 생각하는 시간 만들기가 영향력이 강한 전략임을 처음 깨달았다.

특히 바쁜 사람일수록 생각하는 시간을 일정으로 정하는 것은 유효한 생산성 전략이 아니라고 여길 가능성이 높다. 전략이라기보 다 단순한 브레인스토밍처럼 보여 더 그럴 수도 있지만 사실은 훨 씬 더 효과적이다.

'생각하는 시간 만들기' 전략을 제대로 실행하려면 우선 나만의 집중시간을 일정으로 짜서 자신을 외부 세계와 차단해야 한다. 그 런 다음 노트나 화이트보드 아니면 일기장을 펴고 인생에서 자신에 게 가장 중요한 한 가지 질문을 한다. 즉, 도구의 맨 위에 질문을 적 은 뒤 한 시간 정도 브레인스토밍을 하면서 최대한 많은 대답을 기 록한다.

이때 현재 계획한 인생 목표와 관련이 있으면서 쉽게 대답하기 힘든 질문을 하는 것이 중요하다. 생각나는 대로 쓰다 보면 머지않 아 돌파구를 찾는 것이 시급하다는 사실을 깨닫는다. 때론 해야 할 일 목록을 점검하는 것보다 더 빨리 목표를 성취해줄 생각이 떠올 라 '아하!' 하면서 승리를 거머쥔 듯한 기쁨을 맛보기도 한다.

또한 당신이 어려운 문제의 해답을 찾으려고 두뇌를 자극할수록 당신은 더 창의적이고 명석해진다. 이 전략을 최대한 활용하기 위해 일주일에 최소한 두세 번은 일정에 생각하는 시간을 넣어라.

나이팅게일은 '선두에 서라'에서 생각하는 시간을 이렇게 설명하고 있다.

"가능한 한 하루에 한 시간을 규칙적으로 정하자. 내 경우 아침에 가족이 일어나기 전의 한 시간이 가장 효과적이었다. 그때 주위는 고요하고 정신은 맑다. 혹시 커피를 좋아한다면 갓 내린 커피 한 잔을 손에 들고 생각을 정리해보자."

그림이 그려지는가? 심지어 수십 년 전에도 아침 5시의 기적은 있었고 더구나 얼 나이팅게일처럼 성공한 사람이 즐겨 활용하고 있었다!

생각하는 시간은 아침 5시 전문가가 선택해야 할 모든 고급 전략 중에서도 단연 우선순위에 속한다. 규칙적으로 생각하는 시간을 정해놓으면 분명 당신이 생각한 대로 성취할 방법을 모두 찾을 수 있을 것이다.

음악을 들으며 집중력을 높여라

매일 나는 일에 집중하려 애쓰며 오랜 시간을 투자한다. 내 실질적인 업무 완성도는 얼마나 방해받지 않고 중요한 일에 집중했느냐에 따라 크게 달라진다.

내가 완성도를 높이기 위해 사용하는 혁신에 가까운 전략은 바로 뇌 기능을 높여주는 음악이다. 특히 신경과학을 기초로 음악 재생 목록을 만들어 서비스를 제공하는 포커스앳윌Focus@Will을 자주 이용한다. 내가 감히 과학을 설명할 수는 없지만 음악을 통해 얻는 긍정적이고 생산적인 효과는 쉽게 감지할 수 있다.

나는 하루에 10~12시간을 컴퓨터 앞에서 보내는데 이때 헤드폰을 끼고 포커스앳윌에서 제공하는 속도 빠른 음악을 듣는다. 그순간 몰입은 물론 '완전한 집중' 상태를 경험한다. 시작한 지 몇 분 지나면 음악소리는 점점 멀어지고 나는 곧 눈빛을 반짝이며 업무에 집중한다.

포커스앳윌은 청취자가 집중할 수 있도록 일하는 동안 잡념을 줄이고 지식을 습득하는 데 도움을 주는 음악을 선곡한다. 따라서 독서, 집필, 공부 등 정신적으로 부담이 가는 활동을 해야 할 때 들으면 효과가 좋다.

포커스앳윌을 알기 전에 테크노 음악이나 하우스 장르를 들었지만, 음악을 듣고 있다는 사실조차 잊고 작업에 집중할 수 있다는 점에서 확실히 지금 듣는 음악이 훨씬 더 효과적이다. 이는 뇌 기능 향상에 도움을 주어 집중력을 높여주는 음악이 있다는 의미다.

음악은 집중력에 강한 영향을 미치므로 완벽한 작업 흐름을 지속하고 싶다면 자신에게 적합한 음악을 찾는 것이 중요하다.

앉지 말고 일어서라

더 활기차게 생산성을 끌어올리고 건강해지려면 보다 활동적으로 움직여야 한다. 그런 이유로 내가 즐겨 활용하는 전략은 바로 스탠딩 데스크다.

오랫동안 나는 온종일 서서 작업하며 생산성, 자세, 소화 기능, 활력, 태도 면에서 확실한 효과를 보았고 평소보다 오래 작업하는 지구력을 얻었다. 심혈관질환, 비만, 조기 사망률을 포함해 셀 수 없이 많은 건강 문제를 미리 방지하려면 평소에도 서서 하는 작업과 함께 많이 걷고 더 움직이려 노력해야 한다.

당신이 하루에 여덟 시간을 책상 앞에 앉아 작업했다면 스탠딩 데스크로 바꿔 서서 일해보라. 체력이 더 좋아지고 업무 효율도 높아진다.

스탠딩 데스크를 사거나 직접 만들어보자. 주변에 있는 재료를 활용해 스탠딩 데스크를 만들면 비용을 투자하지 않고도 서서 일하는 것을 미리 체험해볼 수 있다. 내가 처음 사용한 스탠딩 데스크는 기존에 쓰던 책상 위에 다 읽은 책을 높이 쌓아 만들었다.

이후 스탠딩 데스크에 적응했다는 판단이 섰을 때 고급 사양의 책상을 사거나 필요에 맞게 나만의 책상을 제작하면 된다. 나는 예전에 쓰던 책상 위에 특수 제작한 나무 상판을 얹어 스탠딩 데스크로 사용하고 있다.

스탠딩 데스크에 적응하는 기간은 현재의 건강 상태에 따라 조금 다르지만 보통 1~2주가 걸린다. 처음 사용할 때는 등에 근육통이 생기므로 온종일 작업할 수 있을 때까지 조금씩 시간을 늘려가야 한다. 스탠딩 데스크로 전환할 경우 등 근육을 강화해주는 운동을 하는 것도 좋다. 그리고 서 있을 때 바닥에 까는 푹신푹신한 바닥매트를 보조기구로 추천한다. 바닥매트는 인터넷에서 쉽게 구할 수 있고 가격 또한 매우 저렴하다.

지금부터 서서 일하면서 차이점을 느껴보길 바란다.

비전 보드를 새로 걸어라

비전 보드란 집, 자동차 등 자신이 원하는 것과 비슷한 사진을 잡지에서 오려내 붙인 코르크 보드를 말한다. 이는 원하는 것이 눈에 잘 띄도록 하려는 의도로 만든다. 그러나 미래를 이상적으로 그리며 원하는 인생을 담고 있는 사진 및 그림을 붙여 코르크 보드를 완성하는 일은 낡은 방법이다.

이제 낡은 방법은 소용이 없다. 오래된 방법은 잊고 새로 시작하되 여기에 추가해야 할 사항이 있다. 시각적인 효과는 단지 시작 단계일 뿐이며 전략이 없으면 아무것도 이룰 수 없다.

일단 성취하고 싶은 목표를 명확히 떠올리도록 이 오래된 방법으로 시작하라. 그런 다음 목표를 향한 여정을 반영해 새로운 비전 보드로 보강하라. 이때 발전하는 과정, 결과를 얻기 위한 노력 그리고 그 결과에 초점을 맞춘다.

예를 들면 마라톤에 나가는 꿈을 이루기 위해 동틀 무렵 달리기 연습을 하는 모습을 상상하거나, 태어나서 처음 책을 출간하는 날을 기다리며 커피 전문점에 앉아 글을 쓰는 모습을 상상할 수 있다.

사실 나는 예전의 방식으로 비전 보드에 멋진 자동차 사진을 붙여놓았지만 전혀 효과가 없었다. 나에겐 동기부여가 되지 않았다. 자극을 준다며 사진을 붙여놓았는데도 진척 상황이 더딜 경우 결국 자책하고 만다. 부디 목표를 향한 과정에 충실하자.

잘 만든 비전 보드는 '어떻게 목표를 성취할 것인가?'라는 질문에 대한 해답을 담고 있다. 어떻게 이루겠다는 방법도 없이 단지 무엇을 이루겠다는 목표만으로는 충분치 않다.

새로 만드는 비전 보드에는 사진, 그림, 명언 등 인생 목표를 이룰 때까지 해야 할 일을 끊임없이 떠올리게 해주는 실질적인 내용을 담아라. 아주 간단하지 않은가.

우리는 현실적으로 도움을 주는 새로운 비전 보드에서 많은 혜택을 얻을 수 있다. 그 비전 보드는 실천 가능한 행동에 계속 집중하게 하고, 허무맹랑한 환상에 사로잡혀 잡념이 생기지 않도록 도와주며, 현재 실천하는 구체적인 습관을 토대로 미래를 주도하도록 끊임없이 자극을 준다.

비전 보드를 새로 만들려면 코르크 보드를 사거나 벽에 무언가를 꽂을 수 있도록 공간을 마련해야 한다. 그런 다음 인생 목표 목록을 바탕으로 이번 분기 목표에 초점을 두고 설정한 목표를 성취해가는 과정을 상세히 적는다. 이어 실행 계획에서 중요한 절차마다 직접 관련이 있는 사진, 명언, 동기부여 내용을 검색한다.

최소한 분기별로 한 번씩 비전 보드를 수정하고 필요에 따라 내용을 보충한다. 잘 짜인 계획이 확실하게 자리를 잡으면 비전 보드가 현재 가장 중요한 일에 계속 집중하도록 효율적인 리마인더 역할을 할 것이다.

세상을 거꾸로 보라

어쩌면 지금까지 소개한 고급 전략 중에서 가장 이상한 전략처럼 보일지도 모르지만, 이 전략은 당신의 관점을 바꿔 아침 5시 전문가가 되도록 도와줄 가능성이 크다. 뒤집거나 거꾸로 매달리는 운동은 실제로 체력 증진에 도움을 주고 업무 효율도 더 높여준다.

나는 몇 편의 영상을 본 다음 거꾸로 매달리는 운동에 도전하기로 했다. 내가 본 영상은 대부분 호주 의사 로버트 록하트Robert Lockhart 박사가 나오는 것으로 그는 40년 넘게 매일 거꾸로 매달리는 운동을 해왔다.

거꾸로 매달리는 운동은 중력 작용을 역으로 이용함으로써 효과를 낸다. 인간의 신체는 중력 작용의 영향을 강하게 받는데 이를 역으로 이용하면 신체가 강한 압력에서 벗어나는 동시에 평상시 신체리듬에 변화가 일어나 다른 어떤 운동으로도 얻지 못하는 효과를 얻을 수 있다. 예를 들면 허리 통증 완화, 스트레스 경감, 뇌 기능 향상을 비롯해 생산성에 긍정적 영향을 주는 효과가 있다. 또한 하체 및 복부 근력 강화, 관절 건강 증진, 유연성과 자세 향상, 깨끗한 피부, 주름 및 림프계 개선 등의 효과가 나타난다. 내 개인적으로는 키가 더 커진 느낌이다.

그렇다고 거꾸로 매달리는 운동으로 모두가 기적적인 효과를 보는 것은 아니다. 거꾸로 매달렸을 때 관절에 무리가 갈 수도 있고 익숙해지려면 시간이 걸린다. 또 혼자 운동하기에 위험하며 운동기구의 부피가 커서 자리를 차지한다는 단점도 있다.

나는 1년 넘게 거의 매일 거꾸로 매달리는 운동을 했는데 몇몇 단점에도 불구하고 몸매 관리 측면에서 확실한 효과가 있었다. 운동을 시작한 지 몇 주 만에 나는 허리통증이 상당히 줄어들었고 머리가 전보다 맑아졌으며 정말로 키가 0.3센티미터 더 커졌다. 별것 아니긴 해도 분명 효과가 있었다.

거꾸로 매달려 시간을 보내는 것은 유별난 방법이지만 하면 할수록 놀라운 혜택이 늘어나는 것을 느낀다. 거꾸로 매달리는 운동을 하면서 명상, 긍정적인 확언, 윗몸 일으키기, 하체운동, 팟캐스트

청취를 병행할 수도 있다.

단지 매달려 있는 동안에도 할 수 있는 일은 많다!

열심히 일하고 열심히 즐겨라

팟캐스트 청취자를 대상으로 설문조사를 한 결과 대부분 열심히 일하고 또 열심히 즐기고 싶어 하는 것으로 나타났다. 그리고 많은 사람이 평범하게 살면서 똑같은 일을 반복하고 싶지 않다고 대답했다. 그만큼 다양성을 추구했다.

성공하려면 일과, 의식, 고정된 습관이 꼭 필요하다. 하지만 체계적인 방식 때문에 지쳐 있다면 변화를 시도해야 상황을 발전시키고 더 큰 만족감을 얻는다. 현재 처한 상황, 시도하는 계획의 다양성, 건전한 감정 상태에서 우리는 모두 큰 혜택을 얻을 수 있다. 실제로 외형적인 속도가 얼마나 빠르고 느린지에 상관없이 매일 똑같이 반복되는 생활을 하면 지치게 마련이다.

가장 행복했던 날과 기억에 남는 추억을 돌이켜보다가 나는 그 경계선을 찾기가 생각보다 어렵지 않다는 사실을 깨달았다. 나는 그 하나하나에 노력을 극한으로 쏟아 부었고 그 노력을 스스로 칭찬했다. 지나고 보니 결국 나는 전력을 다했을 때라야 만족감을 느낀다는 것이 명확해졌다.

오락거리도 매일 끝없이 시간을 소모하다 보면 그다지 재미있지만은 않다. 과거를 회상하면서 TV를 더 많이 못 보고 비디오 게임을 더 즐기지 못한 내 삶을 후회할 가능성은 거의 없다. 오락거리는 내가 추구하는 인생의 아름다움에 전혀 도움을 주지 않는다.

열심히 일하는 것은 당연히 힘들다. 그러나 진심으로 좋아하는 일을 열심히 하면 그렇지 않다. 오히려 그것은 의미 있는 인생을 살고 업무에 몰두해 성과를 내는 완벽한 방법이다. 진심으로 기쁨이 느껴질 때 노력은 그만한 가치가 있다.

핵심요약 고급 전략

1. 만족스러운 결과를 얻으려고 세상에 존재하는 모든 전략을 시도해볼 필요는 없다. 하지만 건강, 성장, 생산성 측면에서 당신이 한 단계 발전할 가능성이 있는지 판단해보는 것은 좋은 일이다.

2. 성공한 사람은 시간의 가치를 잘 알고 있으므로 가급적 유리한 방법을 찾으려고 늘 세심히 살핀다. 때론 극단적으로 보일 수도 있지만 익숙한 생활에서 벗어나면 성장할 기회를 만날 수 있다. 고로 언제나 만반의 준비를 하고 기꺼이 새로운 것에 도전하라.

3. 인생 목표를 이루려고 열심히 노력하는 것이 바로 열심히 노는 가장 좋은 방법이다. 우리가 전력을 다하고 내일이 없는 것처럼 즐길 때 종종 가장 큰 만족감을 얻는다.

THE **5 AM** MIRACLE

제3부

아침 5시 실행 프로그램

THE 5 AM MIRACLE

제11장

아침 5시 실행 계획

모든 전략을 실천하는 30일 기적 프로그램

승자는 언제나 깨어 있다. 그리고 활기차다. 시장에 가면 세상을 움직이는 승자의 모습을 언제나 볼 수 있다. 진정한 승자는 단순히 꿈만 꾸지 않는다. 물론 승자도 꿈을 꾸지만 원하는 것을 확실히 파악해 꿈을 이룬다. 또한 승자는 언제나 종지기처럼 주변 사람들에게 세상에 펼쳐진 무수한 기회를 알려주고 싶어 한다.

밥 프록터Bob Proctor_전설적인 자기계발 작가이자 강연자

행동이 모든 것을 보여준다. 그리고 행동은 성공과 실패, 성취와 후회, 발전과 침체를 판가름하는 기준이다.

지금까지 우리는 7단계로 이뤄진 아침 5시 설계도를 모두 살펴보았고 이제 배운 것을 실행할 차례다. 그렇다고 지금 당장 당신이 전부 시도할 것이라는 기대는 하지 않는다. 머지않은 미래에 가장 큰 효과를 기대할 수 있는 몇 가지 중요한 행동에 우선순위를 두는

것이 중요하다. 아침식사 전에 하루를 지배하는 법칙은 기본적으로 현재 중요하게 여기는 목표에 집중하는 것이다.

다음에 소개하는 '아침 5시의 기적 30일'은 아침 5시 설계도에서 다룬 내용 중 핵심 전략만 골라 실행하도록 설계한 프로그램이다. 이제 캘린더를 열고 현재 모습에서 당신이 꿈꾸는 모습으로 변신하기 위해 가장 중요한 활동을 일정에 추가해야 할 시간이다.

아침 5시의 기적 30일

1일 차: 준비하기
- 이 책을 처음부터 끝까지 읽는다.
- 책을 읽으면서 적어놓은 메모, 형광펜으로 줄친 부분, 여백에 생각나는 대로 적은 아이디어를 다시 훑어본다. 당장 시작하고 싶은 눈에 띄는 전략이 있는지 확인한다.

2일 차: 포부가 큰 아침형 인간들 만나보기
- 지역 마라톤 클럽, 조찬모임을 여는 비즈니스 그룹처럼 이른 아침에 만날 수 있는 모임을 주변에서 찾거나 가족 혹은 친구와 함께하는 아침 활동을 계획한다.
- 베스트셀러 작가 할 엘로드Hal Elrod가 운영하는 미라클 모닝

온라인 커뮤니티(Facebook.com/ groups/MyTMMCommunity)
혹은 5 AM 미라클 온라인 커뮤니티(Facebook.com/groups/
The5AMMiracleCommunity)에 접속해 비슷한 목표를 추구
하는 사람들을 온라인상에서 찾아보자.

3일 차: 나만의 '아침 5시의 기적' 시작하기

- 조금씩 일어나는 시간을 앞당긴다.
- 평소보다 알람을 15분 일찍 맞추거나 내일 아침 적당하다고
  생각하는 시간에 일어날 준비를 한다.

4일 차: 나만의 맞춤 계획 세우기

- 인생이 기름칠을 한 자동차처럼 잘 굴러간다고 상상하며 당
  신만의 개인별 맞춤 계획을 세운다.
- 당신의 가장 멋진 모습은 어떤 것인가?
- 모든 일이 잘 풀린다면 당신은 무엇을 하고 있을까?

5일 차: 아침 5시 설계도 1단계

- 인생 목표 목록을 브레인스토밍한다.
- 아이처럼 비현실적으로 생각해도 좋다. 어렸을 때 꿈꾼 소방
  관, 공주님, 우주비행사가 되어본다.

- 늘 하고 싶었지만 시간이 없어서 하지 못한 일은 무엇인가?

6일 차: 아침 5시 설계도 2단계

- 분기별 계획표를 작성한다.
- 시작하고 싶은 분기의 날짜(예: 1~3월)를 정하고 캘린더에서 전에 설정한 향후 일정은 모두 지운다.
- 이번 분기에 특별히 신경 쓰고 싶은 중요한 목표를 두세 가지 골라 목표 노트를 작성한다.

7일 차: 아침 5시 설계도 3단계

- 인생 목표의 밑받침이 될 일일 고정 습관과 부수적인 습관을 명확히 파악한다. 일반적인 고정 습관으로는 아침에 일찍 일어나기, 운동하기, 업무 시작하기가 있다.
- 고정 습관을 비롯해 부수적으로 생기는 작은 습관을 언제부터 실천할지 결정한다.

8일 차: 아침 5시 설계도 4단계

- 이상적인 평일 계획 서식을 만들고 계획을 짠다.
- 이상적인 아침 일과, 저녁 일과, 현재 목표를 달성하도록 나만의 집중시간을 계획하고 각각 시간을 반드시 기록한다.

- 목표는 이상적인 평일 계획이므로 완벽할 필요는 없다. 계획 대로 진행하지 못했을 경우 뒤처진 만큼 따라잡을 시간을 계획한다.

9일 차: 이상적인 아침 일과 짜기
- 이상적인 아침 일과를 짠다.
- 하루 업무를 시작하는 시간부터 아침에 일어나는 시간까지 역순으로 아침 일과를 계획한다.
- 활력과 자기 관리에 중점을 두고 중요한 영향을 미치는 고정 습관과 부수적인 습관을 실천하는 시간을 일과에 넣는다.

10일 차: 이상적인 저녁 일과 짜기
- 이상적인 저녁 일과를 짠다.
- 잠자리에 들 시간부터 퇴근하고 돌아오는 시간까지 역순으로 저녁 일과를 계획한다.
- 업무를 끝내고 일과를 시작하는 시점에 적용할 저녁 규칙을 정한다.

11일 차: 아침 5시 설계도 5단계
- 업무, 프로젝트, 이벤트를 모두 믿을 만한 일정관리 시스템으

로 통합한다. 훌륭한 일정관리 도구는 다양하다. 나는 노즈비를 사용해 큰 효과를 보았다.

- 이 방법을 최대한 활용하려면 크든 작든 모든 일정을 한 시스템에 모아 전체 내용을 한눈에 볼 수 있게 해야 한다.

12일 차: 종이를 사용하지 않는 생활

- 문서, 파일, 폴더를 모두 디지털 저장 서비스에 정리한다.
- 드롭박스, 구글 드라이브, 마이크로소프트 원드라이브, 애플 아이클라우드icloud는 훌륭한 디지털 문서 저장 서비스를 제공한다.
- 가장 효과적인 방법은 데이터를 여러 환경에 분산시키지 말고 시스템 하나에 정리하는 것이다.

13일 차: 에버노트 장만

- 적어놓은 글, 메모, 생각을 전부 디지털 노트 애플리케이션에 취합한다.
- 에버노트는 정리하기에 가장 좋은 디지털 시스템이다.

14일 차: 집중시간

- 인생의 중요한 목표를 성취하려면 캘린더에 방해받지 않는

나만의 집중시간을 설정한다.

- 계획에 차질을 초래하는 사람들에게서 벗어나 혼자만의 시간을 보낼 장소를 두세 군데 물색한다.
- 소셜 미디어, 휴대전화를 비롯해 방해가 될 만한 장치는 꺼놓는 습관을 들인다.

15일 차: 받은 메일함 제로

- 받은 메일함 제로를 목표로 메일함을 정리한다.
- 받은 메일함에 이메일이 넘쳐나면 며칠 시간을 들여 정리하는 계획을 짠다.
- 하루에 한 번은 받은 메일함을 정리하도록 일정을 따로 캘린더에 입력한다.

16일 차: 프로젝트 관리자 제로

- 프로젝트 관리자 제로를 달성하려면 미처 끝내지 못한 작업을 모두 끝내야 한다.
- 프로젝트 하나하나를 주의 깊게 살핀다. 확실히 끝맺지 못한 부분이 있거나 전혀 변화가 없는지 혹은 끝냈지만 발전이 없는지 확인한다.
- 최소한 일주일에 한 번 프로젝트를 엄격히 검토하고 다음 목

표를 정하는 일정을 계획한다.

17일 차: 사무실 책상 제로

- 책상 위를 먼지 하나 없이 깨끗하게 정리한다.
- 현재 작업 중인 업무 관련 자료 외에 다른 물건은 책상 위에 두지 않는 습관을 들인다.
- 하루를 마감하면서 모든 물건을 항상 정해진 자리에 둔다.

18일 차: 주거 환경 제로

- 주거 환경 제로를 달성하려면 집과 사무실을 언제나 깨끗하게 치운다.
- 최소한 일주일에 한 번은 모든 물건을 제자리에 놓고 정리하는 일정을 계획한다.
- 매일 물건을 정리하는 것을 목표로 삼는다.

19일 차: 아침 5시 설계도 6단계

- 일일 의식 및 습관 기록을 시작한다.
- 현재 목표를 고려해 가장 중요한 일일 습관을 결정한다.
- 주간 검토를 하면서 일일 기록을 살펴본다.

20일 차: 주간 검토

- 주간 검토 기록을 시작한다.
- 일주일에 두세 시간 동안 검토 일정을 계획한다. 주로 금요일 오후나 일요일 저녁이 한 주를 마무리하고 새로운 주를 시작하는 준비를 하기에 좋은 시간이다.
- 성공한 일, 실패한 일, 다음 주에 반영하면 도움이 될 수정사항을 파악하자.

21일 차: 책임파트너

- 책임파트너가 될 만한 사람을 두세 명 골라 연락한다.
- 책임파트너 방법을 도입해 1~2주에 한 번씩 규칙적으로 파트너와 만난다.
- 책임파트너와 의논할 내용을 확실히 준비하려면 그와 만나는 시간을 주가 검토 일정과 연동한다.

22일 차: 월간 검토

- 월간 검토 기록을 시작한다.
- 매달 말일 예전에 작성한 주간 검토 기록을 훑어보는 일정을 잡는다.
- 현재까지 진행한 분기별 목표의 진행 상황을 검토하고 다음

달에 적용할 수정사항을 파악한다.

23일 차: 분기별 검토

- 분기별 검토 기록을 시작한다.
- 분기마다 끝 무렵에 전에 작성한 월간 검토 기록을 살펴보는 일정을 계획한다.
- 지금까지 달성한 인생 목표를 돌아보며 다음 분기별 목표를 달성하기 위한 계획을 세운다.

24일 차: 연간 검토

- 연간 검토 기록을 시작한다.
- 매년 연말 전에 작성한 분기별 검토 기록을 살펴보는 일정을 계획한다.
- 올해 달성한 인생 목표를 돌아보며 내년에 수정할 사항은 없는지 확인한다.

25일 차: 아침 5시 설계도 7단계

- 가급적 하루에 한 시간 정도는 생각하는 나만의 집중시간을 만든다.
- 현재 분기에 설정한 인생 목표를 바탕으로 자신에게 어려운

질문을 해보고 가장 좋은 대답을 생각하며 브레인스토밍을 한다.

26일 차: 음악 듣기

- 생산성을 높여주는 음악을 찾는다.
- 집중을 방해하는 소리에서 벗어나 집중력을 높여주는 음악에 귀를 기울인다.
- 뇌 기능과 생산성을 높여주는 음악을 제공하는 포커스앳윌에 가입한다.

27일 차: 일어서기

- 스탠딩 데스크를 활용해 일일 생산성을 높인다.
- 교과서, 종이상자 등 주변에서 구하기 쉬운 재료를 이용해 간단하면서도 효과적인 스탠딩 데스크를 직접 만들어본다.
- 스탠딩 데스크의 효과를 확신하면 스탠딩 데스크를 만들거나 구입한다.

28일 차: 새로운 비전 보드

- 집이나 사무실에 비전 보드를 만든다.
- 코르크 보드나 다른 적당한 공간을 활용해 사진, 명언처럼 인

생 목표를 시각적으로 상기시켜줄 만한 리마인더를 붙인다.

- 현실과 동떨어진 사진은 사용하지 말고 현재 집중하는 목표에 초점을 두어야 한다.

29일 차: 세상을 거꾸로 보기

- 거꾸로 매달리는 기구를 찾아본다.
- 거꾸로 매달리는 운동은 일일 습관 운동의 마지막 단계에서 마무리 운동과 결합이 가능하다.
- 처음에는 1분만 거꾸로 매달리는 운동을 하고 점차 시간을 늘려 몇 주 후에는 한 번에 10~15분씩 한다.

30일 차: 커뮤니티 활동

- 당신처럼 목표를 달성하고자 노력하는 포부가 크고 생산적이며 성공한 사람을 주변에서 찾아본다.
- 그들과 만나 생각을 공유하고 서로 성장하도록 도움을 주고받는다.

최종 요약: 3단계로 요약하는 아침 5시의 기적

어쩌면 30일 프로그램을 슬쩍 보기만 해도 따라 하기에 벅차게 느껴질지도 모른다. 그래서 제1장에서처럼 이것을 간단하게 3단계로 나눠 요약했다. 당신의 불안감이 극에 달했거나 조금 벅차다고 느껴지면 잠시 숨을 돌리고 다음 3단계를 반복하자.

- 1단계 계획: 매일 하루를 시작하기 전에 계획적으로 준비한다.
- 2단계 실행: 중요한 목표를 달성하기 위해 정해둔 시간에 집중함으로써 눈에 띄는 발전을 이룬다.
- 3단계 검토: 일주일에 한 번 지난주에 한 일을 돌아보고 다음 주에 할 일의 계획과 실행을 검토한다.

한마디로 계획, 실행, 검토가 전부다.

솔직한 조언
지배란 우리가 매일 하는 의사결정이다

이 책을 읽고 자극을 주는 모임에 참석하거나 흥미진진한 사람과 한 번쯤 이야기한다고 해서 늘 긍정적, 의욕적으로 인생을 살아갈 수 있는 것은 아니다. 설령 그럴지라도 우리는 끊임없이 활력을 재충전할 필요가 있다.

자기계발 분야의 전설적인 인물 지그 지글러Zig Ziglar는 이런 유명한 말을 남겼다.

"사람들은 동기부여가 오래 지속되지 않는다고 말한다. 샤워도 마찬가지다. 그래서 매일 동기부여를 하라고 권하는 것이다."

때론 기운이 없거나 우울해서 정말로 인생이 길을 잃은 것처럼 느껴지기도 한다. 이럴 때는 약간의 재치를 발휘하면 기분이 원래대로 돌아온다. 기운을 내야 할 경우 나는 내 인생을 새로 출발할 수 있다고 믿고 가장 좋아하는 음악을 들으며 힘차게 달린다.

오늘이 남은 인생의 첫날이라는 말은 사실이고, 당신이 다시 시작하고 싶다면 해야 할 일은 간단하다. 내일 아침 당신에게는 하루를 지배할 기회가 생긴다. 더 좋은 소식은 그런 하루하루가 사는 동안 매일 생긴다는 것이다.

핵심요약 기적의 30일

1. 이 책에 소개한 모든 전략을 실천하려는 것은 지나친 포부일 수 있으므로 단기간에 당신의 인생에 크게 영향을 미칠 전략을 확실하게 파악한다.

2. 30일 프로그램을 그대로 따라 할 필요는 없다. 하지만 선택한 전략을 실천할 때 책임감을 느끼려면 기간을 확실히 정하는 편이 좋다.

3. 특별히 할 일이 없다면 매일 확실한 목적에 따라 열정을 가지고 인생을 계획하자.

과감하게 행동으로 옮길 시간

날마다 기적 만들기

> 일이 쉽기를 기대하지 말고 오직 가치 있는 일이기를 기대하
> 라. 일이 더 쉬워지길 바라지 말고 더 잘할 수 있기를 바라라.
> 도전을 피하지 말고 더 많이 배우려 하라. 문제를 회피하지 말
> 고 지혜를 갈구하라. 경험을 안겨주는 것은 바로 도전이다.
>
> **짐 론**Jim Rohn_작가, 자기계발 분야 강사

제1장에서 나는 당신에게 아침 5시의 기적을 이루도록 기초를 단
단히 다져줄 네 가지 약속을 하라고 했다.

하나, 매일 일과를 계획해 글로 기록한다.
둘, 최대한 활기차고 열정적으로 살기 위해 건강한 습관을 규칙
적으로 실행에 옮긴다.

제12장 과감하게 행동으로 옮길 시간

셋, 가장 원하는 꿈을 이루기 위한 단기 목표를 설정한다.

넷, 진행 단계를 파악하되 필요하면 수정하고 스스로 행동에 대한 책임을 진다.

이것은 결코 쉬운 약속이 아니다. 그러나 당신이 인생 목표를 순조롭게 진행하려면 한결같은 희생정신, 필요한 자원에 다가가는 용이한 접근성, 초인적인 참을성이 필요하다. 좋은 소식은 이제 아침 5시 설계도를 활용해 네 가지 약속을 평생 실천할 전략적 계획이 생겼다는 점이다.

가치 있는 목표와 마찬가지로 장기적인 관점에서의 성공이야말로 최고의 성공이며 이는 내가 당신에게 바라는 일이다. 나는 당신이 이 책에 소개한 방법을 따라 하면 과거에는 상상으로만 그쳤을지도 모를 뛰어난 성과를 실제로 달성할 수 있으리라고 강하게 믿는다.

그게 바로 핵심이다. 인생 목표를 달성해 멋진 인생을 살려면 대담한 행동은 필수적이다.

계획적으로 아침에 꾸준히 일찍 일어나는 것은 대담한 목표다. 하지만 이것은 더 큰 인생의 퍼즐에서 작은 조각에 불과하다. 제대로 선택해서 큰 영향을 미치는 매일의 소소한 의사결정을 실천하는 것이 인생 목표 목록의 내용을 한 줄씩 지워가는 공식이다.

아침 5시의 기적을 이루는 것은 믿을 수 없을 정도로 가치가 있는 일이다. 단순히 아침에 일찍 일어나 명상이나 조깅을 해서가 아니라 매일의 행동이 당신 자신은 물론 몇 년 후 당신의 일에 영향을 미치기 때문이다. 이제 당신이 매일 소소하게 내린 결정이 당신의 미래에 어떤 영향을 미치는지 흥미롭게 지켜봤으면 좋겠다.

하루하루가 중요하다.

인생은 날마다 아름답고 경이롭다.

마지막으로 시간을 내 이 책을 끝까지 읽어준 것에 감사를 전하고 싶다. 당신의 인생이 한 단계 발전하는 과정을 도울 수 있어서 영광이고 멋지게 성공했다는 소식을 듣고 싶다!

인생을 바꾸는 힘은 당신에게 있다는 사실을 기억하라. 즐거움은 아침 일찍 시작된다!

아침 5시 도구상자

아침 5시 전문가에게 필요한 팁 여덟 가지

다음은 여러 사람이 함께 계획적이고 의욕적인 아침형 인간이 되기 위해 노력할 때 도움이 되는 좋은 팁이다. 나는 당신이 여정을 시작하면서 목적이 비슷한 다른 사람들과 함께 교류하기를 바란다. 지금부터 소개하는 도구상자가 아침식사 전에 하루를 지배하는 법칙에 뼈대, 지지대, 지침을 제공할 것이다.

1. 5 AM 스튜디오: 독점 제공

당신처럼 책을 구입한 사람들이 이용할 수 있도록 독점 제공하고 있다. 홈페이지에서 아침 5시 설계도가 제시하는 핵심 전략 실행 계획을 단계별로 내려받을 수 있다.

JeffSanders.com/studio

2. 5 AM 미라클 팟캐스트: 매주 동기부여

매주 월요일에 나는 새로운 팟캐스트를 방송한다. 다른 사람에게 영감을 주는 초대 손님과의 흥미진진한 인터뷰를 방송할 때도 있고 나 혼자 새벽시간 활용이나 건강한 습관, 자기계발, 끝내주는 생산성 전략 등 다양한 주제를 다루기도 한다.

5amMiraclePodcast.com

3. 5 AM 클럽: 최신 정보

내가 올린 최신 블로그 글, 팟캐스트, 독점 할인, 커뮤니티 공지 글을 한눈에 볼 수 있는 가장 좋은 방법이다. 구독 신청은 무료이며 아울러 선물도 받을 수 있다!

JeffSanders.com/5amclub

4. 5 AM 미라클 커뮤니티: 당장 접속

커뮤니티는 다른 의욕적인 아침형 인간들과 교류하는 최고의 장소로 지난 몇 년간 꾸준히 성장해왔다. 지금 당장 무료로 커뮤니티에 가입해 아침식사 전에 하루를 지배하는 법칙이 전하는 의미를 노련한 아침 5시 전문가에게 배우자.

JeffSanders.com/community

5. 47 strategies: 생산성 자가 진단

생산성을 높이고 싶다면 지금 소개하는 웹사이트에서 시작하자. 47 Strategies에서 제공하는 자가 진단 서비스는 현재 당신의 생산성 수준을 분석하고 날마다 생산성을 높여 더 많은 일을 할 수 있도록 고급 전략을 보여준다.

47Strategies.com

6. 5 AM 회원 프로그램: 5 AM 소식 공유

당신이 아침 5시의 기적을 실천해 혜택을 본 청취자를 안다면 내 5 AM 회원 프로그램에 무료 가입해 5 AM 팁을 공유하고 두둑한 수수료를 챙겨가기 바란다.

JeffSanders.com/affiliate

7. 읽으면 좋은 책 추천

이 책을 다 읽고 나서 추가로 읽으면 좋은 책을 추천한다. 다음에 소개하는 책은 이른 아침 생산성을 최대한 높이도록 도움을 준다.

- 게리 켈러, 제리 파파산 지음, 《원씽》
- 그렉 맥커운 지음, 《에센셜리즘》
- 대런 하디 지음, 《누적 효과》The Compound Effect
- 할 엘로드 지음, 《미라클 모닝》The Miracle Morning
- 데이비드 알렌 지음, 《끝도 없는 일 깔끔하게 해치우기》

8. 당신의 성공 경험담을 나누자!

당신이 이 책에서 소개한 전략을 일부 실천해 멋지게 성공을 거뒀다면 그 이야기를 듣고 싶다! 나는 받은 이메일을 전부 읽으니 걱정하지 마라. 속 시원하게 털어놓고 당신만의 아침 5시의 기적을 공유하자!

JeffSanders.com/5amStory

부록

당신의 아침을 바꿔줄
액션 플랜

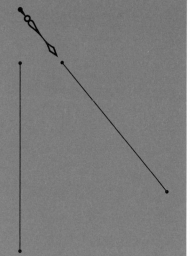

1. 아침 5시 기적을 이루기 위한 첫 단계

1. 다음의 네 가지 약속을 종이에 써서 매일 볼 수 있는 장소에 붙인다.

- 매일 일과를 계획해 글로 기록한다.
- 최대한 활기차고 열정적으로 살기 위해 건강한 습관을 규칙적으로 실행에 옮긴다.
- 가장 원하는 꿈을 이루기 위한 단기 목표를 설정한다.
- 진행 단계를 파악하되 필요하면 수정하고 스스로 행동에 대한 책임을 진다.

2. 손에 펜을 쥐고 이제 시작해보자!

2. 집중력을 키우기 위해 주변 환경 정리하기

1. 당신이 사는 세상에서 평상시 아침은 어떤 풍경인가? 바쁘고 정신없는가, 아니면 모든 것이 느리고 평화롭게 흘러가는가? 그것도 아니면 생산적이고 활기가 넘치는가?

_____

_____

_____

2. 지금 생활이 굉장히 편안한가? 성공적인 미래와 멀어지게 만들고 현실에 안주하고 싶게 하는 성향이나 습관이 있는가?

_____

_____

_____

3. 아침형 인간이 누리는 혜택에서 무엇이 마음에 드는가? 왜 일찍 일어나려고 하는가? 아침 5시의 기적에서 어떤 기적이 일어나길 바라는가?

_____

_____

_____

3. 아침형 인간으로 거듭나는 첫 걸음

1. 평소보다 일찍 자는 습관처럼 저녁 일과를 효과적으로 계획해 오늘부터 시행하자.

_____

_____

_____

2. 내일 아침 알람시간을 평소보다 15분 일찍 맞춰놓자.

   평상시 기상시간: _____

   새로운 기상시간: _____

3. 새로 얻은 특별한 15분 동안 하고 싶은 일을 결정하자.

_____

_____

_____

4. 내 안에 숨은 최고의 모습을 찾아라

1. 당신이 지속적으로 발전하는 방법은 무엇인가? 책, 잡지, 기사처럼 좋은 글을 얼마나 자주 읽는가? 커뮤니티 활동을 활발하게 하는가? 그 밖에 기술, 성격, 다른 가치 있는 특성을 계획적으로 계발하기 위해 노력하는가?

_____

_____

_____

2. 개인별 맞춤 계획을 작성하거나 인생이 기름칠을 한 자동차처럼 매끄럽게 흘러가는 시나리오 및 상황을 떠올려보라.
   • 당신이 생각하는 자신의 최고 버전은 어떤 모습인가?

_____

_____

_____

   • 현재 하는 일은 무엇인가?

_____

_____

_____

- 누구와 함께 살고 있는가?

_____

_____

_____

- 날마다 열정적으로 열심히 하는 일은 무엇인가?

_____

_____

_____

- 모든 일이 뜻대로 풀린다면 당신은 무엇을 하고 싶은가?

_____

_____

_____

3. 개인적, 직업적으로 이루고 싶은 인생 목표와 현재 진행하는 인생 목표를 목록
   으로 작성하자.

   • 개인적으로 바라는 인생 목표

   _____

   _____

   _____

   • 직업적으로 바라는 인생 목표

   _____

   _____

   _____

   • 현재 진행하는 인생 목표

   _____

   _____

   _____

5. 지금이라도 목표를 이루는 방법

1. 앞에서 작성한 인생 목표를 참조해 이번 분기(이번 분기가 얼마 남지 않았다면 다음 분기에 시작하자)에 집중하고 싶은 두세 가지 목표를 선택한다. 새로운 분기별 목표를 지금 적어보자.

   _____

   _____

   _____

2. 새로운 분기별 목표와 직접적으로 상관이 없는 내용은 캘린더와 일정관리 도구에서 싹 지우자.

   캘린더는 _____ (날짜)에 정리

   일정관리는 _____ (날짜)에 정리

3. 에버노트, 원노트처럼 편리한 디지털 도구를 사용해 분기별 목표를 준비 단계부터 하나하나 상세히 분석하자.

   · **분기 목표 1**

   _____

   _____

   시작하기 전의 준비 단계

   _____

_____

_____

· 분기 목표 2

_____

_____

시작하기 전의 준비 단계

_____

_____

_____

· 분기 목표 3

_____

_____

시작하기 전의 준비 단계

_____

_____

_____

6. 평생 지속하는 습관들

1. 건강하고 생산적인 습관으로 바꾸고 싶은, 즉 오랫동안 몸에 밴 버리고 싶은 비
   생산적인 습관은 무엇인가?

   1) _____

   2) _____

   3) _____

2. 지금부터 매일 반복하는 습관을 큰 그림과 연결해보자. 현재 집중하는 인생 목
   표를 성취하려면 매일 반복하는 중요한 습관을 목록으로 작성해보자.

   • **현재 목표 1**

   _____

   1번 목표 성취와 직접 연결된 일일 습관

   1) _____

   2) _____

   • **현재 목표 2**

   _____

2번 목표 성취와 직접 연결된 일일 습관

1) _____

2) _____

• **현재 목표 3**

_____

3번 목표 성취와 직접 이어주는 일일 습관

1) _____

2) _____

3. 중요한 고정 습관과 그에 따른 부수적인 습관을 파악하고 확실히 지속할 방법
을 알아보자.

• **고정 습관 1: 아침 기상** (기상시간 : _____)

매일 아침 그 시간에 일어나기 위해 반드시 해야 할 일

1) _____

2) _____

3) _____

계획한 시간에 일어나면 함께할 수 있는 부수적인 습관(명상, 독서 등)

1) _____

2) _____

3) _____

- **고정 습관 2: 운동** (운동시간: _____)

꾸준히 운동하려면 꼭 해야 할 일

1) _____

2) _____

3) _____

꾸준히 운동하면 함께할 수 있는 부수적인 습관(식단 향상, 청결도 등)

1) _____

2) _____

3) _____

- **고정 습관 3: 업무 시작하기** (업무 시작시간: _____)

매일 아침 그 시간에 업무를 시작하기 위해 꼭 해야 할 일

1) _____

2) _____

3) _____

업무를 시작하면서 함께할 수 있는 부수적인 습관(집중력 향상, 활력 등)

1) _____

2) _____

3) _____

7. 완벽한 하루를 계획하는 방법

1. 이상적인 일주일을 기록하는 서식을 준비하자. 이 서식은 5 AM 스튜디오 http://jeffsanders.com/studio 홈페이지에서 직접 내려받을 수 있다. 이것은 필요에 따라 편집 및 수정이 가능하므로 자신에게 맞춰 작성한다. 우선 업무 일정이나 규칙적인 약속처럼 시간이 확실한 일정, 즉 큰 바위를 먼저 계획한 다음 아침 일과·저녁 일과·식사시간 같은 작은 돌로 남은 일정을 채운다.

2. 이상적인 아침 일과를 꼼꼼하게 계획을 세워 구체적으로 작성하자. 기상시간과 할 일 목록에 정확한 시간을 설정하고 출근하기 전까지 계획을 실천하자. 이상적인 아침 일과는 상세하게 계획할수록 좋다.

   • 이상적인 아침 일과 :

   시간 :＿＿＿＿＿＿＿　　할 일 :＿＿＿＿＿＿＿＿＿＿＿＿＿＿＿＿＿＿

   시간 :＿＿＿＿＿＿＿　　할 일 :＿＿＿＿＿＿＿＿＿＿＿＿＿＿＿＿＿＿

   시간 :＿＿＿＿＿＿＿　　할 일 :＿＿＿＿＿＿＿＿＿＿＿＿＿＿＿＿＿＿

   시간 :＿＿＿＿＿＿＿　　할 일 :＿＿＿＿＿＿＿＿＿＿＿＿＿＿＿＿＿＿

   시간 :＿＿＿＿＿＿＿　　할 일 :＿＿＿＿＿＿＿＿＿＿＿＿＿＿＿＿＿＿

   시간 :＿＿＿＿＿＿＿　　할 일 :＿＿＿＿＿＿＿＿＿＿＿＿＿＿＿＿＿＿

3. 새로 작성한 아침 일과와 평일 일정이 저녁 일과와 제대로 연동되는지 확인해
   보고 저녁 일정을 수정한다. 일반적으로 저녁 일과가 좀 더 여유 있지만 아침
   일과와 마찬가지로 가급적 자세히 계획한다.

   • **이상적인 저녁 일과**

   시간:_____   할 일:_____

   시간:_____   할 일:_____

   시간:_____   할 일:_____

   시간:_____   할 일:_____

   시간:_____   할 일:_____

   시간:_____   할 일:_____

8. 큰 차이를 만드는 꼼꼼한 전략

1. 개인적·직업적으로 세운 인생 목표, 일정, 프로젝트, 업무를 가급적 최소한의
   도구에 정리한다.
   - 당신이 사용할 전용 일정관리 도구(노즈비, 분더리스트, 옴니포커스 등)

   _____

   _____

   _____

   - 일정을 도구에 정리 혹은 취합할 날짜

   _____

   _____

   _____

   - 당신의 캘린더 애플리케이션(애플 캘린더, 아웃룩, 구글 캘린더 등)

   _____

   _____

   _____

- 일정을 캘린더에 정리 혹은 취합할 날짜

_____

_____

_____

- 당신의 온라인 파일 저장 서비스(드롭박스, 구글 드라이브, 원드라이브 등)

_____

_____

_____

- 파일을 시스템에 정리 혹은 취합할 날짜

_____

_____

_____

- 당신의 온라인 검색 기능을 탑재한 노트 애플리케이션(에버노트, 원노트, 심플 노트 등)

_____

_____

_____

- 정리할 내용을 노트 애플리케이션에 정리 혹은 취합할 날짜

_____

_____

_____

2. 어느 시간이 가장 생산적인가? 중요한 목표를 달성할 수 있도록 집중시간을 확보해 일정에 넣자.
   - **중요한 목표 1**

_____

_____

_____

매일/매주 목표에 전념할 나만의 집중시간 및 장소

_____

_____

_____

- **중요한 목표 2**

_____

_____

_____

매일/매주 목표에 전념할 나만의 집중시간 및 장소

_____

_____

_____

• **중요한 목표 3**

_____

_____

_____

매일/매주 목표에 전념할 나만의 집중시간 및 장소

_____

_____

_____

3. 하루에 한 번 이퀄리브리엄 제로(받은 메일함 제로, 프로젝트 관리 제로, 사무
   실 책상 제로, 주거환경 제로)를 실천하자. 그리고 매일 네 가지 영역을 깔끔하
   게 정리하기 위해 일정관리 도구에 리마인더를 설정하자.
   • 현재 받은 메일함에 처리하지 않은 메일이 없도록 정리할 날짜

_____

_____

_____

- 매일 받은 메일함 제로를 실행하는 시간

_____

_____

_____

- 현재 인생 목표를 이루기 위해 부분적으로 업무를 완성해야 하는 날짜

_____

_____

_____

- 매일 프로젝트 관리 제로를 실행하는 시간

_____

_____

_____

- 기본적인 물건만 남기고 책상을 깨끗이 정리하는 날짜

_____

_____

_____

- 매일 사무실 책상 제로를 실행하는 시간

_____

_____

_____

- 꼭 필요한 물건을 제외하고 집과 사무실을 깨끗하게 청소하는 날짜

_____

_____

_____

- 매일 주거 환경 제로를 실행하는 시간

_____

_____

_____

9. 효율적인 시스템을 만드는 방법

1. 진행 상황을 '일일 의식 및 습관 기록'에 매일 기록한다.
   - 매일 '일일 의식 및 습관 기록'을 적는 시간

   _____

   _____

   _____

2. 책임파트너가 될 만한 두세 명과 함께 브레인스토밍을 해본다. 그런 다음 당신
   과 호흡이 잘 맞는 사람을 결정하기 전에 따로 한 명씩 만날 약속을 정한다.
   - 책임파트너를 결정하기 위해 당신이 만날 사람들

   _____

   _____

   _____

3. 일일 검토, 주간 검토, 월간 검토, 분기별 검토, 연간 검토 서식을 직접 만들거나
   내려받아 기록한다. 캘린더에 매주 검토하는 시간을 설정한다. 금요일 오후나
   일요일 저녁이 가장 일반적인 시간이다. 가능하면 매주 주간 검토를 끝낸 다음
   바로 책임파트너를 만나는 일정을 세운다.
   - 매주 주간 검토를 실천하는 날짜와 시간(일반적으로 1~2시간 이내)

   _____

_____

_____

- 매주 책임파트너를 만나는 날짜와 시간

_____

_____

_____

- 주간 검토를 하면서 다음의 사항을 완료한다.

1) _____

2) _____

3) _____

- 주간 검토를 하면서 책임파트너와 의논할 사항

1) _____

2) _____

3) _____

- 월간 검토를 하면서 다음의 사항을 완료한다.

1) _____

2) _____

3) _____

- 분기별 검토를 하면서 다음의 사항을 완료한다.

1) _____

2) _____

3) _____

- 연간 검토를 하면서 다음의 사항을 완료한다.

1) _____

2) _____

3) _____

10. 집중력을 높이는 고급 전략

1. 최소한 일주일에 한 번 생각하는 시간을 캘린더에 설정한다. 중요하지만 쉽게
   대답하기 힘든 질문을 적어본다. 그리고 20~30분간 가능한 대답을 전부 떠올
   리며 혼자 브레인스토밍을 한다.
   • 매주 의도적으로 생각하는 시간인 나만의 집중시간

   _____

   _____

   _____

   • 분기별 목표를 기초로 당신이 대답하고 싶은 가장 중요한 질문
   1) _____

   2) _____

   3) _____

2. 나만의 집중시간에 생산성을 높여주는 좋은 음악을 듣자. 당신에게 가장 잘 맞
   는 음악은 당신을 세상의 소음으로부터 차단해주고 가장 중요한 목표에 깊이
   전념하도록 도와준다.
   • 일하면서 들을 음악의 장르나 이용할 음악 서비스

   _____

   _____

3. 집에서 사용할 스탠딩 데스크를 직접 만들거나 구입하자. 만약 가능하다면 사무실에서도 스탠딩 데스크를 사용하자.

   • 스탠딩 데스크, 바닥에 깔 매트, 적당한 신발 등을 검색할 날짜

   _____

   _____

   _____

   • 스탠딩 데스크를 직접 만드는 방법을 검색하는 날짜

   _____

   _____

   _____

11. 30일 기적 프로그램

1. 이 책에서 소개한 모든 생각, 전략, 기술을 한꺼번에 실행하는 것은 비현실적이
   므로 지금 당장 실천할 수 있는 것을 고르자.
   • 이 책에서 소개한 전략 중 지금 당장 의욕적으로 해보고 싶은 목표

   1) _____

   2) _____

   3) _____

   4) _____

   5) _____

2. 아직도 인생 목표를 이번 분기나 다음 분기의 분기별 계획표에 넣지 않았다면
   당장 포함시키자.
   • 다음 분기에 전념하고 싶은 목표

   1) _____

   2) _____

   3) _____

   4) _____

   5) _____

3. 책에 소개한 30일 프로그램 서식을 활용해 시작할 날짜를 정하고 캘린더나 일
   정관리 도구에 날짜별로 목표를 저장한다. 5amBlueprint.com 홈페이지에
   신청하면 30일 동안 이메일로 리마인더를 받아 볼 수 있다.
   • 30일 프로그램에 도전을 시작할 날짜

   _____

   _____

   _____

감사의 말

책을 출간하는 일은 거의 10년 가까이 내가 계획했던 인생의 목표였다. 처음부터 내가 작가라고 생각하지 않았다. 하지만 자기계발의 세계에 발을 들인 이후로 언제나 마음 깊은 곳에서 나의 가장 멋진 모습을 찾아낼 수 있도록 끊임없이 동기부여를 해준 사람들의 뒤를 이어 나도 타인에게 그 어떤 희망을 주는 롤모델이 될 수 있기를 바라며 노력했다.

감사의 말을 작성하고 있을 때 아내가 잠깐이라도 자신을 내려놓고 현실을 마주하라고 조언했다. 온라인 커뮤니티의 도움 없이는 이 책이 세상의 빛을 보기란 불가능했을 것이다. 표지에는 '제프 샌더슨'이라고 내 이름이 적혀 있지만 실제로는 '5 AM 미라클 글로벌 온라인 커뮤니티, 간절히 성공하고 싶은 포부를 가진 아침형 인간 모임'이라고 적어야 옳다.

나 역시 다른 사람들 못지않게 책임감과 동기부여가 필요했고 이 책을 집필하면서 인내심, 자제력, 우선순위를 시험할 수 있었던 훌륭한 기회를 경험했다. 마지막으로 이 책이 결실을 보기까지 크나큰 도움을 준 사람들에게 일일이 고맙다는 인사를 전하고 싶다.

그리고 이 책을 읽으며 아침형 인간으로 거듭나려는 모든 사람에게 이 말을 전하고 싶다. 일단 시작하라! 그저 일어나는 것만으로도 당신의 인생을 놀랄 만큼 달라질 것이다. 더 많은 성공이 기다리고 있는 당신의 앞날을 미리 축하한다.

참고문헌

1 Allen, David. *Getting Things Done*. New York: Penguin, 2002.

2 Auden, W. H. "The Life of That-There Poet." *New Yorker*, April 26, 1958.

3 "Benefits of Inversion." Teeter Hang Ups. Accessed July 2, 2015. www.teeterinver sion.com/Benefits-of-Inversion.

4 BusinessDictionary.com, s.v. "Parkinson's Law." Accessed July 2, 2015. http:// www.businessdictionary.com/definition/Parkinson-s-Law.html

5 Carpenter, Sam. *Work the System*. 3rd ed. Austin: Greenleaf Book Group, 2011.

6 Clear, James. "How to Stop Procrastinating on Your Goals by Using the Seinfeld Strategy." Accessed June 30, 2015. www.jamesclear.com/stopprocrastinating-seinfeld-strategy.

7 Covey, Stephen. *The 7 Habits of Highly Effective People*. 6th ed. New York: Simon & Schuster, 2013.

8 Davis, Jim. *I'd Like Mornings if They Started Later*. Riverside: Andrews McMeel Publishing, 2013.

9 Duke University's Fuqua School of Business. "Apple CEO Tim Cook on Career Planning." YouTube video, 2:50. May 30, 2013. www.youtube.com/watch?v=a6g8y3EDHkw.

10 Einstein, Albert. Quoted in interview with John Archibald Wheeler, "From the Big Bang to the Big Crunch." By Mirjana R. Gearhart. Cosmic Search 1, no. 4(Fall 1979).

11 Emerson, Ralph Waldo. *The Essays of Ralph Waldo Emerson*, edited by Alfred R.

Ferguson, Jean Ferguson Carr, and Alfred Kazin. Cambridge: Belknap Press, 1987.

12 "Inversion Table Benefits." Best Inversion Table Reviews Guide. Accessed July 2, 2015. www.bestinversiontablereviews.com/top-12-inversion-tablebenefits.

13 Johnson, Samuel. "The Vision of Theodore." In vol. 15 of The Works of Samuel Johnson, edited by Robert Lynam, 331-40. Troy: Pafraets Press, 1903.

14 Keller, Gary and Jay Papasan. The ONE Thing. Austin: Bard Press, 2013.

15 Lockhart, Robert. Absolute Abundance Raw Retreats. Accessed July 2, 2015. www.sunfoodhealthretreat.com.

16 Mann, Merlin. "Inbox Zero." 43 Folders. Last modified March 13, 2007. www.43folders.com/izero.

17 McKeown, Greg. Essentialism. New York: Crown Business, 2014.

18 Moran, Brian and Michael Lennington. The 12-Week Year. Hoboken: John Wiley & Sons, 2013.

19 Nightingale, Earl. Lead the Field. Wheeling: Nightingale-Conant, 1987. Audiobook, 6 compact discs; 5 hours.

20 Nisen, Max and Gus Lubin. "29 Successful People Who Wake Up Really Early." Business Insider. Last modified December 24, 2013. www.businessinsider.com/successful-people-who-wake-up-really-early-2013-12.

21 Ostrovsky, Larry and Oksana. "12 Health Benefits of Inversions." BeWellBuzz. Accessed July 2, 2015. www.bewellbuzz.com/wellness-buzz/inversions.

22 Oxford Dictionaries, s.v. "equilibrium." Accessed June 14, 2015. www.oxforddictionaries.com/us/definition/american_english/equilibrium.

23 Oxford Dictionaries, s.v. "miracle." Accessed March 17, 2015. www.oxforddictionaries.com/us/definition/american_english/miracle.

24 Proctor, Bob. The ABCs of Success. New York: Jeremy P. Tarcher, 2015.

25 Pressfield, Steven. Turning Pro. New York: Black Irish Entertainment, 2012.

26 Rohn, Jim. The Treasury of Quotes. Dalls: Jim Rohn International, 2006.

27 Skean, Wendy. "Face of the Race: Wendy Skean." By Leadville Race Series. Last modified February 23, 2015. www.leadvilleraceseries.com/2015/02/faceof-the-race-wendy-skean.

28 Sulzer, Jessica. "Brain Benefits of Inversion Tables." LiveStrong.com. Last Modified August 16, 2013. www.livestrong.com/article/359317-brainbenefits-of-inversion-tables.

29 "Viva Ned Flanders." *The Simpsons*. First broadcast January 10, 1999 by Fox. Directed by Neil Affleck and written by David M. Stern.

30 Williams, David. "Exercises to Help Drain Your Lymphatic System." Last modified June 29, 2015. www.drdavidwilliams.com/lymphatic-systemdrainage-exercises.

31 Willingham, Tim. "Sitting Is Killing You." DailyInfographic. Last modified May 10, 2011. www.dailyinfographic.com/sitting-down-is-killing-you-infographic.

32 Ziglar, Zig. "Official Ziglar Quotes." Ziglar.com. Accessed June 19, 2015. www.ziglar.com/quotes/zig-ziglar/people-often-say-motivation-doesnt-last.